最高人民法院关于
民事诉讼证据的若干规定

含新旧条文对照

法律出版社

图书在版编目(CIP)数据

最高人民法院关于民事诉讼证据的若干规定：含新旧条文对照. -- 北京：法律出版社，2020(2020.6重印)

ISBN 978-7-5197-2470-2

Ⅰ. ①最… Ⅱ. Ⅲ. ①民事诉讼-证据-法规-中国 Ⅳ. ①D925.113

中国版本图书馆CIP数据核字(2019)第301523号

最高人民法院关于民事诉讼证据的若干规定：含新旧条文对照
ZUIGAO RENMIN FAYUAN GUANYU MINSHI SUSONG ZHENGJU DE
RUOGAN GUIDING：HAN XINJIU TIAOWEN DUIZHAO

出版 法律出版社
总发行 中国法律图书有限公司
经销 新华书店
印刷 三河市兴达印务有限公司
责任印制 吕亚莉

编辑统筹 法规出版分社
开本 850毫米×1168毫米 1/32
印张 4 **字数** 61千
版本 2020年1月第1版
印次 2020年6月第2次印刷

法律出版社/北京市丰台区莲花池西里7号(100073)
网址/www.lawpress.com.cn
投稿邮箱/info@lawpress.com.cn
举报维权邮箱/jbwq@lawpress.com.cn
销售热线/400-660-8393
咨询电话/010-63939796

中国法律图书有限公司/北京市丰台区莲花池西里7号(100073)
全国各地中法图分、子公司销售电话：
统一销售客服/400-660-8393/6393
第一法律书店/010-83938432/8433
重庆分公司/023-67453036
深圳分公司/0755-83072995
西安分公司/029-85330678
上海分公司/021-62071639/1636

书号：ISBN 978-7-5197-2470-2 **定价**：15.00元

目　录

最高人民法院关于修改《关于民事诉讼证据的若干规定》的决定

（2019年10月14日最高人民法院审判委员会第1777次会议通过　2019年12月25日公布　法释〔2019〕19号　自2020年5月1日起施行）

根据《中华人民共和国民事诉讼法》，最高人民法院审判委员会第1777次会议决定，对《关于民事诉讼证据的若干规定》作如下修改：

一、将第一条修改为：

“原告向人民法院起诉或者被告提出反诉，应当提供符合起诉条件的相应的证据”。

二、将第三条修改为第二条。

三、删去第二条、第四条、第五条、第六条、第七条。

四、将第八条第一款、第七十四条改为第三条，修改为：

“在诉讼过程中，一方当事人陈述的于己不利的事实，或者对于己不利的事实明确表示承认的，另一方当事人无需举证证明。

在证据交换、询问、调查过程中，或者在起诉状、答辩状、代理词等书面材料中，当事人明确承认于己不利的事实的，适用前款规定”。

五、将第八条第二款改为第四条，修改为：

“一方当事人对于另一方当事人主张的于己不利的事实既不承认也不否认，经审判人员说明并询问后，其仍然不明确表示肯定或者否定的，视为对该事实的承认”。

六、将第八条第三款改为第五条，修改为：

“当事人委托诉讼代理人参加诉讼的，除授权委托书明确排除的事项外，诉讼代理人的自认视为当事人的自认。

当事人在场对诉讼代理人的自认明确否认的，不视为自认”。

七、增加一条作为第六条：

“普通共同诉讼中，共同诉讼人中一人或者数人作出的自认,对作出自认的当事人发生效力。

必要共同诉讼中,共同诉讼人中一人或者数人作出自认而其他共同诉讼人予以否认的,不发生自认的效力。其他共同诉讼人既不承认也不否认,经审判人员说明并询问后仍然不明确表示意见的,视为全体共同诉讼人的自认”。

八、增加一条作为第七条:

“一方当事人对于另一方当事人主张的于己不利的事实有所限制或者附加条件予以承认的,由人民法院综合案件情况决定是否构成自认”。

九、增加一条作为第八条:

“《最高人民法院关于适用〈中华人民共和国民事诉讼法〉的解释》第九十六条第一款规定的事实,不适用有关自认的规定。

自认的事实与已经查明的事实不符的,人民法院不予确认”。

十、将第八条第四款改为第九条,修改为:

“有下列情形之一,当事人在法庭辩论终结前撤销自认的,人民法院应当准许:

(一)经对方当事人同意的;

（二）自认是在受胁迫或者重大误解情况下作出的。

人民法院准许当事人撤销自认的，应当作出口头或者书面裁定”。

十一、将第九条改为第十条，修改为：

“下列事实，当事人无须举证证明：

（一）自然规律以及定理、定律；

（二）众所周知的事实；

（三）根据法律规定推定的事实；

（四）根据已知的事实和日常生活经验法则推定出的另一事实；

（五）已为仲裁机构的生效裁决所确认的事实；

（六）已为人民法院发生法律效力的裁判所确认的基本事实；

（七）已为有效公证文书所证明的事实。

前款第二项至第五项事实，当事人有相反证据足以反驳的除外；第六项、第七项事实，当事人有相反证据足以推翻的除外”。

十二、将第十条修改为第十一条。

十三、增加一条作为第十二条：

“以动产作为证据的，应当将原物提交人民法院。原物不宜搬移或者不宜保存的,当事人可以提供复制品、影像资料或者其他替代品。

人民法院在收到当事人提交的动产或者替代品后,应当及时通知双方当事人到人民法院或者保存现场查验”。

十四、增加一条作为第十三条:

“当事人以不动产作为证据的,应当向人民法院提供该不动产的影像资料。

人民法院认为有必要的,应当通知双方当事人到场进行查验”。

十五、增加一条作为第十四条:

“电子数据包括下列信息、电子文件:

(一)网页、博客、微博客等网络平台发布的信息;

(二)手机短信、电子邮件、即时通信、通讯群组等网络应用服务的通信信息;

(三)用户注册信息、身份认证信息、电子交易记录、通信记录、登录日志等信息;

(四)文档、图片、音频、视频、数字证书、计算机程序等电子文件;

(五)其他以数字化形式存储、处理、传输的能够证明案件事实的信息”。

十六、增加一条作为第十五条：

“当事人以视听资料作为证据的，应当提供存储该视听资料的原始载体。

当事人以电子数据作为证据的，应当提供原件。电子数据的制作者制作的与原件一致的副本，或者直接来源于电子数据的打印件或其他可以显示、识别的输出介质，视为电子数据的原件”。

十七、将第十一条改为第十六条，修改为：

“当事人提供的公文书证系在中华人民共和国领域外形成的，该证据应当经所在国公证机关证明，或者履行中华人民共和国与该所在国订立的有关条约中规定的证明手续。

中华人民共和国领域外形成的涉及身份关系的证据，应当经所在国公证机关证明并经中华人民共和国驻该国使领馆认证，或者履行中华人民共和国与该所在国订立的有关条约中规定的证明手续。

当事人向人民法院提供的证据是在香港、澳门、台湾地区形成的，应当履行相关的证明手续”。

十八、将第十二条修改为第十七条。

十九、将第十三条改为第十八条，修改为：

“双方当事人无争议的事实符合《最高人民法院关于适用〈中华人民共和国民事诉讼法〉的解释》第九十六条第一款规定情形的，人民法院可以责令当事人提供有关证据”。

二十、将第十四条修改为第十九条。

二十一、删去第十五条、第十六条、第十七条。

二十二、删去第十九条第二款，将第十八条、第十九条第一款改为第二十条，修改为：

“当事人及其诉讼代理人申请人民法院调查收集证据，应当在举证期限届满前提交书面申请。

申请书应当载明被调查人的姓名或者单位名称、住所地等基本情况、所要调查收集的证据名称或者内容、需要由人民法院调查收集证据的原因及其要证明的事实以及明确的线索”。

二十三、将第二十条改为第二十一条，修改为：

“人民法院调查收集的书证，可以是原件，也可以是经核对无误的副本或者复制件。是副本或者复制件的，应当在调查笔录中说明来源和取证情况”。

二十四、将第二十一条改为第二十二条，修改为：

“人民法院调查收集的物证应当是原物。被调查人提供原物确有困难的，可以提供复制品或者影像资料。提供复制品或者影像资料的，应当在调查笔录中说明取证情况”。

二十五、将第二十二条改为第二十三条，修改为：

“人民法院调查收集视听资料、电子数据，应当要求被调查人提供原始载体。

提供原始载体确有困难的，可以提供复制件。提供复制件的，人民法院应当在调查笔录中说明其来源和制作经过。

人民法院对视听资料、电子数据采取证据保全措施的，适用前款规定”。

二十六、增加一条作为第二十四条：

“人民法院调查收集可能需要鉴定的证据，应当遵守相关技术规范，确保证据不被污染”。

二十七、将第二十三条改为第二十五条，修改为：

“当事人或者利害关系人根据民事诉讼法第八十一条的规定申请证据保全的，申请书应当载明需要保全的证据的基本情况、申请保全的理由以及采取何种保全措施等内容。

当事人根据民事诉讼法第八十一条第一款的规定申请证据保全的，应当在举证期限届满前向人民法院提出。

法律、司法解释对诉前证据保全有规定的，依照其规定办理”。

二十八、增加一条作为第二十六条：

“当事人或者利害关系人申请采取查封、扣押等限制保全标的物使用、流通等保全措施，或者保全可能对证据持有人造成损失的，人民法院应当责令申请人提供相应的担保。

担保方式或者数额由人民法院根据保全措施对证据持有人的影响、保全标的物的价值、当事人或者利害关系人争议的诉讼标的金额等因素综合确定”。

二十九、将第二十四条改为第二十七条，修改为：

“人民法院进行证据保全，可以要求当事人或者诉讼代理人到场。

根据当事人的申请和具体情况，人民法院可以采取查封、扣押、录音、录像、复制、鉴定、勘验等方法进行证据保全，并制作笔录。

在符合证据保全目的的情况下，人民法院应当选择对证据持有人利益影响最小的保全措施”。

三十、增加一条作为第二十八条：

"申请证据保全错误造成财产损失，当事人请求申请人承担赔偿责任的，人民法院应予支持"。

三十一、增加一条作为第二十九条：

"人民法院采取诉前证据保全措施后，当事人向其他有管辖权的人民法院提起诉讼的，采取保全措施的人民法院应当根据当事人的申请，将保全的证据及时移交受理案件的人民法院"。

三十二、增加一条作为第三十条：

"人民法院在审理案件过程中认为待证事实需要通过鉴定意见证明的，应当向当事人释明，并指定提出鉴定申请的期间。

符合《最高人民法院关于适用〈中华人民共和国民事诉讼法〉的解释》第九十六条第一款规定情形的，人民法院应当依职权委托鉴定"。

三十三、将第二十五条改为第三十一条，修改为：

"当事人申请鉴定，应当在人民法院指定期间内提出，并预交鉴定费用。逾期不提出申请或者不预交鉴定费用的，视为放弃申请。

对需要鉴定的待证事实负有举证责任的当事人，在人民法院指定期间内无正当理由不提出鉴定申请或者不预交鉴定费用,或者拒不提供相关材料,致使待证事实无法查明的,应当承担举证不能的法律后果”。

三十四、将第二十六条改为第三十二条,修改为:

“人民法院准许鉴定申请的,应当组织双方当事人协商确定具备相应资格的鉴定人。当事人协商不成的,由人民法院指定。

人民法院依职权委托鉴定的,可以在询问当事人的意见后,指定具备相应资格的鉴定人。

人民法院在确定鉴定人后应当出具委托书,委托书中应当载明鉴定事项、鉴定范围、鉴定目的和鉴定期限”。

三十五、增加一条作为第三十三条:

“鉴定开始之前,人民法院应当要求鉴定人签署承诺书。承诺书中应当载明鉴定人保证客观、公正、诚实地进行鉴定,保证出庭作证,如作虚假鉴定应当承担法律责任等内容。

鉴定人故意作虚假鉴定的,人民法院应当责令其退还鉴定费用,并根据情节,依照民事诉讼法第一百一十一条的规定进行处罚”。

三十六、增加一条作为第三十四条:

“人民法院应当组织当事人对鉴定材料进行质证。未经质证的材料,不得作为鉴定的根据。

经人民法院准许,鉴定人可以调取证据、勘验物证和现场、询问当事人或者证人”。

三十七、增加一条作为第三十五条:

“鉴定人应当在人民法院确定的期限内完成鉴定,并提交鉴定书。

鉴定人无正当理由未按期提交鉴定书的,当事人可以申请人民法院另行委托鉴定人进行鉴定。人民法院准许的,原鉴定人已经收取的鉴定费用应当退还;拒不退还的,依照本规定第八十一条第二款的规定处理”。

三十八、将第二十九条改为第三十六条,修改为:

“人民法院对鉴定人出具的鉴定书,应当审查是否具有下列内容:

(一)委托法院的名称;

(二)委托鉴定的内容、要求;

(三)鉴定材料;

(四)鉴定所依据的原理、方法;

(五)对鉴定过程的说明;

(六)鉴定意见;

（七）承诺书。

鉴定书应当由鉴定人签名或者盖章，并附鉴定人的相应资格证明。委托机构鉴定的，鉴定书应当由鉴定机构盖章，并由从事鉴定的人员签名”。

三十九、增加一条作为第三十七条：

“人民法院收到鉴定书后，应当及时将副本送交当事人。

当事人对鉴定书的内容有异议的，应当在人民法院指定期间内以书面方式提出。

对于当事人的异议，人民法院应当要求鉴定人作出解释、说明或者补充。人民法院认为有必要的，可以要求鉴定人对当事人未提出异议的内容进行解释、说明或者补充”。

四十、增加一条作为第三十八条：

“当事人在收到鉴定人的书面答复后仍有异议的，人民法院应当根据《诉讼费用交纳办法》第十一条的规定，通知有异议的当事人预交鉴定人出庭费用，并通知鉴定人出庭。有异议的当事人不预交鉴定人出庭费用的，视为放弃异议。

双方当事人对鉴定意见均有异议的，分摊预交鉴定人出庭费用”。

四十一、增加一条作为第三十九条：

“鉴定人出庭费用按照证人出庭作证费用的标准计算，由败诉的当事人负担。因鉴定意见不明确或者有瑕疵需要鉴定人出庭的，出庭费用由其自行负担。

人民法院委托鉴定时已经确定鉴定人出庭费用包含在鉴定费用中的，不再通知当事人预交”。

四十二、将第二十七条改为第四十条，修改为：

“当事人申请重新鉴定，存在下列情形之一的，人民法院应当准许：

（一）鉴定人不具备相应资格的；

（二）鉴定程序严重违法的；

（三）鉴定意见明显依据不足的；

（四）鉴定意见不能作为证据使用的其他情形。

存在前款第一项至第三项情形的，鉴定人已经收取的鉴定费用应当退还。拒不退还的，依照本规定第八十一条第二款的规定处理。

对鉴定意见的瑕疵，可以通过补正、补充鉴定或者补充质证、重新质证等方法解决的，人民法院不予准许重新鉴定的申请。

重新鉴定的，原鉴定意见不得作为认定案件事实的根据”。

四十三、将第二十八条改为第四十一条，修改为：

“对于一方当事人就专门性问题自行委托有关机构或者人员出具的意见，另一方当事人有证据或者理由足以反驳并申请鉴定的，人民法院应予准许”。

四十四、增加一条作为第四十二条：

“鉴定意见被采信后，鉴定人无正当理由撤销鉴定意见的，人民法院应当责令其退还鉴定费用，并可以根据情节，依照民事诉讼法第一百一十一条的规定对鉴定人进行处罚。当事人主张鉴定人负担由此增加的合理费用的，人民法院应予支持。

人民法院采信鉴定意见后准许鉴定人撤销的，应当责令其退还鉴定费用”。

四十五、将第三十条改为第四十三条，修改为：

“人民法院应当在勘验前将勘验的时间和地点通知当事人。当事人不参加的，不影响勘验进行。

当事人可以就勘验事项向人民法院进行解释和说明，可以请求人民法院注意勘验中的重要事项。

人民法院勘验物证或者现场，应当制作笔录，记录勘验的时间、地点、勘验人、在场人、勘验的经过、结果，由勘验人、在场人签名或者盖章。对于绘制的现场图应当注明绘制的时间、方位、测绘人姓名、身份等内容”。

四十六、将第三十一条改为第四十四条，修改为：

“摘录有关单位制作的与案件事实相关的文件、材料，应当注明出处，并加盖制作单位或者保管单位的印章，摘录人和其他调查人员应当在摘录件上签名或者盖章。

摘录文件、材料应当保持内容相应的完整性”。

四十七、增加一条作为第四十五条：

“当事人根据《最高人民法院关于适用〈中华人民共和国民事诉讼法〉的解释》第一百一十二条的规定申请人民法院责令对方当事人提交书证的，申请书应当载明所申请提交的书证名称或者内容、需要以该书证证明的事实及事实的重要性、对方当事人控制该书证的根据以及应当提交该书证的理由。

对方当事人否认控制书证的，人民法院应当根据法律规定、习惯等因素，结合案件的事实、证据，对于书证是否在对方当事人控制之下的事实作出综合判断”。

四十八、增加一条作为第四十六条：

“人民法院对当事人提交书证的申请进行审查时，应当听取对方当事人的意见，必要时可以要求双方当事人提供证据、进行辩论。

当事人申请提交的书证不明确、书证对于待证事实的证明无必要、待证事实对于裁判结果无实质性影响、书证未在对方当事人控制之下或者不符合本规定第四十七条情形的，人民法院不予准许。

当事人申请理由成立的，人民法院应当作出裁定，责令对方当事人提交书证；理由不成立的，通知申请人”。

四十九、增加一条作为第四十七条：

“下列情形，控制书证的当事人应当提交书证：

（一）控制书证的当事人在诉讼中曾经引用过的书证；

（二）为对方当事人的利益制作的书证；

（三）对方当事人依照法律规定有权查阅、获取的书证；

（四）账簿、记账原始凭证；

（五）人民法院认为应当提交书证的其他情形。

前款所列书证，涉及国家秘密、商业秘密、当事人或第三人的隐私，或者存在法律规定应当保密的情形的，提交后不得公开质证”。

五十、增加一条作为第四十八条：

“控制书证的当事人无正当理由拒不提交书证的，人民法院可以认定对方当事人所主张的书证内容为真实。

控制书证的当事人存在《最高人民法院关于适用〈中华人民共和国民事诉讼法〉的解释》第一百一十三条规定情形的，人民法院可以认定对方当事人主张以该书证证明的事实为真实”。

五十一、将第三十二条修改为第四十九条。

五十二、将第三十三条第一款改为第五十条，修改为：

“人民法院应当在审理前的准备阶段向当事人送达举证通知书。

举证通知书应当载明举证责任的分配原则和要求、可以向人民法院申请调查收集证据的情形、人民法院根据案件情况指定的举证期限以及逾期提供证据的法律后果等内容”。

五十三、将第三十三条第二款、第三款改为第五十一条，修改为：

“举证期限可以由当事人协商，并经人民法院准许。

人民法院指定举证期限的，适用第一审普通程序审理的案件不得少于十五日，当事人提供新的证据的第二审案件不得少于十日。适用简易程序审理的案件不得超过十五日，小额诉讼案件的举证期限一般不得超过七日。

举证期限届满后，当事人提供反驳证据或者对已经提供的证据的来源、形式等方面的瑕疵进行补正的，人民法院可以酌情再次确定举证期限，该期限不受前款规定的期间限制”。

五十四、删去第三十四条。

五十五、增加一条作为第五十二条：

“当事人在举证期限内提供证据存在客观障碍，属于民事诉讼法第六十五条第二款规定的‘当事人在该期限内提供证据确有困难’的情形。

前款情形，人民法院应当根据当事人的举证能力、不能在举证期限内提供证据的原因等因素综合判断。必要时，可以听取对方当事人的意见”。

五十六、将第三十五条改为第五十三条，修改为：

“诉讼过程中，当事人主张的法律关系性质或者民事行为效力与人民法院根据案件事实作出的认定不一致的，人民法院应当将法律关系性质或者民事行为效力作为焦点问题进行审理。但法律关系性质对裁判理由及结果没有影响,或者有关问题已经当事人充分辩论的除外。

存在前款情形,当事人根据法庭审理情况变更诉讼请求的,人民法院应当准许并可以根据案件的具体情况重新指定举证期限”。

五十七、将第三十六条改为第五十四条,修改为:

“当事人申请延长举证期限的,应当在举证期限届满前向人民法院提出书面申请。

申请理由成立的,人民法院应当准许,适当延长举证期限,并通知其他当事人。延长的举证期限适用于其他当事人。

申请理由不成立的,人民法院不予准许,并通知申请人”。

五十八、增加一条作为第五十五条:

“存在下列情形的,举证期限按照如下方式确定:

(一)当事人依照民事诉讼法第一百二十七条规定提出管辖权异议的,举证期限中止,自驳回管辖权异议的裁定生效之日起恢复计算;

(二)追加当事人、有独立请求权的第三人参加诉讼或者无独立请求权的第三人经人民法院通知参加诉讼的,人民法院应当依照本规定第五十一条的规定为新参

加诉讼的当事人确定举证期限,该举证期限适用于其他当事人;

(三)发回重审的案件,第一审人民法院可以结合案件具体情况和发回重审的原因,酌情确定举证期限;

(四)当事人增加、变更诉讼请求或者提出反诉的,人民法院应当根据案件具体情况重新确定举证期限;

(五)公告送达的,举证期限自公告期届满之次日起计算”。

五十九、删去第三十七条。

六十、将第三十八条改为第五十六条,修改为:

“人民法院依照民事诉讼法第一百三十三条第四项的规定,通过组织证据交换进行审理前准备的,证据交换之日举证期限届满。

证据交换的时间可以由当事人协商一致并经人民法院认可,也可以由人民法院指定。当事人申请延期举证经人民法院准许的,证据交换日相应顺延”。

六十一、将第三十九条修改为第五十七条。

六十二、将第四十条改为第五十八条,修改为:

“当事人收到对方的证据后有反驳证据需要提交的,人民法院应当再次组织证据交换”。

六十三、删去第四十一条、第四十二条、第四十三条、第四十四条、第四十五条、第四十六条。

六十四、增加一条作为第五十九条：

“人民法院对逾期提供证据的当事人处以罚款的，可以结合当事人逾期提供证据的主观过错程度、导致诉讼迟延的情况、诉讼标的金额等因素，确定罚款数额”。

六十五、将第四十七条改为第六十条，修改为：

“当事人在审理前的准备阶段或者人民法院调查、询问过程中发表过质证意见的证据，视为质证过的证据。

当事人要求以书面方式发表质证意见，人民法院在听取对方当事人意见后认为有必要的，可以准许。人民法院应当及时将书面质证意见送交对方当事人”。

六十六、删去第四十八条。

六十七、将第四十九条改为第六十一条，修改为：

“对书证、物证、视听资料进行质证时，当事人应当出示证据的原件或者原物。但有下列情形之一的除外：

（一）出示原件或者原物确有困难并经人民法院准许出示复制件或者复制品的；

（二）原件或者原物已不存在，但有证据证明复制件、复制品与原件或者原物一致的”。

六十八、删去第五十条。

六十九、将第五十一条改为第六十二条，修改为：

“质证一般按下列顺序进行：

（一）原告出示证据，被告、第三人与原告进行质证；

（二）被告出示证据，原告、第三人与被告进行质证；

（三）第三人出示证据，原告、被告与第三人进行质证。

“人民法院根据当事人申请调查收集的证据，审判人员对调查收集证据的情况进行说明后，由提出申请的当事人与对方当事人、第三人进行质证。

人民法院依职权调查收集的证据，由审判人员对调查收集证据的情况进行说明后，听取当事人的意见”。

七十、删去第五十二条。

七十一、增加一条作为第六十三条：

“当事人应当就案件事实作真实、完整的陈述。

当事人的陈述与此前陈述不一致的，人民法院应当责令其说明理由，并结合当事人的诉讼能力、证据和案件具体情况进行审查认定。

当事人故意作虚假陈述妨碍人民法院审理的，人民法院应当根据情节，依照民事诉讼法第一百一十一条规定进行处罚”。

七十二、增加一条作为第六十四条：

“人民法院认为有必要的，可以要求当事人本人到场，就案件的有关事实接受询问。

人民法院要求当事人到场接受询问的，应当通知当事人询问的时间、地点、拒不到场的后果等内容”。

七十三、增加一条作为第六十五条：

“人民法院应当在询问前责令当事人签署保证书并宣读保证书的内容。

保证书应当载明保证据实陈述，绝无隐瞒、歪曲、增减，如有虚假陈述应当接受处罚等内容。当事人应当在保证书上签名、捺印。

当事人有正当理由不能宣读保证书的，由书记员宣读并进行说明”。

七十四、增加一条作为第六十六条：

“当事人无正当理由拒不到场、拒不签署或宣读保证书或者拒不接受询问的，人民法院应当综合案件情况，判断待证事实的真伪。待证事实无其他证据证明的，人民法院应当作出不利于该当事人的认定”。

七十五、将第五十三条改为第六十七条，修改为：

"不能正确表达意思的人,不能作为证人。

待证事实与其年龄、智力状况或者精神健康状况相适应的无民事行为能力人和限制民事行为能力人,可以作为证人"。

七十六、将第五十五条改为第六十八条,修改为:

"人民法院应当要求证人出庭作证,接受审判人员和当事人的询问。证人在审理前的准备阶段或者人民法院调查、询问等双方当事人在场时陈述证言的,视为出庭作证。

双方当事人同意证人以其他方式作证并经人民法院准许的,证人可以不出庭作证。

无正当理由未出庭的证人以书面等方式提供的证言,不得作为认定案件事实的根据"。

七十七、增加一条作为第六十九条:

"当事人申请证人出庭作证的,应当在举证期限届满前向人民法院提交申请书。

申请书应当载明证人的姓名、职业、住所、联系方式,作证的主要内容,作证内容与待证事实的关联性,以及证人出庭作证的必要性。

符合《最高人民法院关于适用〈中华人民共和国民事

诉讼法〉的解释》第九十六条第一款规定情形的，人民法院应当依职权通知证人出庭作证”。

七十八、将第五十四条改为第七十条，修改为：

“人民法院准许证人出庭作证申请的，应当向证人送达通知书并告知双方当事人。通知书中应当载明证人作证的时间、地点，作证的事项、要求以及作伪证的法律后果等内容。

当事人申请证人出庭作证的事项与待证事实无关，或者没有通知证人出庭作证必要的，人民法院不予准许当事人的申请”。

七十九、增加一条作为第七十一条：

“人民法院应当要求证人在作证之前签署保证书，并在法庭上宣读保证书的内容。但无民事行为能力人和限制民事行为能力人作为证人的除外。

证人确有正当理由不能宣读保证书的，由书记员代为宣读并进行说明。

证人拒绝签署或者宣读保证书的，不得作证，并自行承担相关费用。

证人保证书的内容适用当事人保证书的规定”。

八十、删去第五十六条。

八十一、将第五十七条改为第七十二条，修改为：

"证人应当客观陈述其亲身感知的事实，作证时不得使用猜测、推断或者评论性语言。

证人作证前不得旁听法庭审理，作证时不得以宣读事先准备的书面材料的方式陈述证言。

证人言辞表达有障碍的，可以通过其他表达方式作证"。

八十二、增加一条作为第七十三条：

"证人应当就其作证的事项进行连续陈述。

当事人及其法定代理人、诉讼代理人或者旁听人员干扰证人陈述的，人民法院应当及时制止，必要时可以依照民事诉讼法第一百一十条的规定进行处罚"。

八十三、将第五十八条改为第七十四条，修改为：

"审判人员可以对证人进行询问。当事人及其诉讼代理人经审判人员许可后可以询问证人。

询问证人时其他证人不得在场。

人民法院认为有必要的，可以要求证人之间进行对质"。

八十四、增加一条作为第七十五条：

"证人出庭作证后，可以向人民法院申请支付证人出庭作证费用。证人有困难需要预先支取出庭作证费用的,人民法院可以根据证人的申请在出庭作证前支付”。

八十五、增加一条作为第七十六条:

“证人确有困难不能出庭作证,申请以书面证言、视听传输技术或者视听资料等方式作证的,应当向人民法院提交申请书。申请书中应当载明不能出庭的具体原因。

符合民事诉讼法第七十三条规定情形的,人民法院应当准许”。

八十六、增加一条作为第七十七条:

“证人经人民法院准许,以书面证言方式作证的,应当签署保证书;以视听传输技术或者视听资料方式作证的,应当签署保证书并宣读保证书的内容”。

八十七、增加一条作为第七十八条:

“当事人及其诉讼代理人对证人的询问与待证事实无关,或者存在威胁、侮辱证人或不适当引导等情形的,审判人员应当及时制止。必要时可以依照民事诉讼法第一百一十条、第一百一十一条的规定进行处罚。

证人故意作虚假陈述,诉讼参与人或者其他人以暴力、威胁、贿买等方法妨碍证人作证,或者在证人作证后以侮辱、诽谤、诬陷、恐吓、殴打等方式对证人打击报复的，人民法院应当根据情节，依照民事诉讼法第一百一十一条的规定，对行为人进行处罚”。

八十八、增加一条作为第七十九条：

“鉴定人依照民事诉讼法第七十八条的规定出庭作证的，人民法院应当在开庭审理三日前将出庭的时间、地点及要求通知鉴定人。

委托机构鉴定的，应当由从事鉴定的人员代表机构出庭”。

八十九、将第五十九条改为第八十条，修改为：

“鉴定人应当就鉴定事项如实答复当事人的异议和审判人员的询问。当庭答复确有困难的，经人民法院准许，可以在庭审结束后书面答复。

人民法院应当及时将书面答复送交当事人，并听取当事人的意见。必要时，可以再次组织质证”。

九十、增加一条作为第八十一条：

“鉴定人拒不出庭作证的，鉴定意见不得作为认定案件事实的根据。人民法院应当建议有关主管部门或者组织对拒不出庭作证的鉴定人予以处罚。

当事人要求退还鉴定费用的，人民法院应当在三日内作出裁定，责令鉴定人退还；拒不退还的，由人民法院依法执行。

当事人因鉴定人拒不出庭作证申请重新鉴定的，人民法院应当准许”。

九十一、将第六十条改为第八十二条，修改为：

“经法庭许可，当事人可以询问鉴定人、勘验人。

询问鉴定人、勘验人不得使用威胁、侮辱等不适当的言语和方式”。

九十二、删去第六十一条。

九十三、增加一条作为第八十三条：

“当事人依照民事诉讼法第七十九条和《最高人民法院关于适用〈中华人民共和国民事诉讼法〉的解释》第一百二十二条的规定，申请有专门知识的人出庭的，申请书中应当载明有专门知识的人的基本情况和申请的目的。

人民法院准许当事人申请的，应当通知双方当事人”。

九十四、增加一条作为第八十四条：

“审判人员可以对有专门知识的人进行询问。经法庭准许，当事人可以对有专门知识的人进行询问，当事人各自申请的有专门知识的人可以就案件中的有关问题进行对质。

有专门知识的人不得参与对鉴定意见质证或者就专业问题发表意见之外的法庭审理活动”。

九十五、删去第六十二条。

九十六、将第六十三条、第六十四条改为第八十五条,修改为:

“人民法院应当以证据能够证明的案件事实为根据依法作出裁判。

审判人员应当依照法定程序,全面、客观地审核证据,依据法律的规定,遵循法官职业道德,运用逻辑推理和日常生活经验,对证据有无证明力和证明力大小独立进行判断,并公开判断的理由和结果”。

九十七、增加一条作为第八十六条:

“当事人对于欺诈、胁迫、恶意串通事实的证明,以及对于口头遗嘱或赠与事实的证明,人民法院确信该待证事实存在的可能性能够排除合理怀疑的,应当认定该事实存在。

与诉讼保全、回避等程序事项有关的事实,人民法院结合当事人的说明及相关证据,认为有关事实存在的可能性较大的,可以认定该事实存在”。

九十八、将第六十五条改为第八十七条，修改为：

“审判人员对单一证据可以从下列方面进行审核认定：

（一）证据是否为原件、原物，复制件、复制品与原件、原物是否相符；

（二）证据与本案事实是否相关；

（三）证据的形式、来源是否符合法律规定；

（四）证据的内容是否真实；

（五）证人或者提供证据的人与当事人有无利害关系”。

九十九、将第六十六条修改为第八十八条。

一百、增加一条作为第八十九条：

“当事人在诉讼过程中认可的证据，人民法院应当予以确认。但法律、司法解释另有规定的除外。

当事人对认可的证据反悔的，参照《最高人民法院关于适用〈中华人民共和国民事诉讼法〉的解释》第二百二十九条的规定处理”。

一百零一、删去第六十七条、第六十八条。

一百零二、将第六十九条改为第九十条，修改为：

“下列证据不能单独作为认定案件事实的根据：

（一）当事人的陈述；

（二）无民事行为能力人或者限制民事行为能力人所作的与其年龄、智力状况或者精神健康状况不相当的证言；

（三）与一方当事人或者其代理人有利害关系的证人陈述的证言；

（四）存有疑点的视听资料、电子数据；

（五）无法与原件、原物核对的复制件、复制品”。

一百零三、增加一条作为第九十一条：

“公文书证的制作者根据文书原件制作的载有部分或者全部内容的副本，与正本具有相同的证明力。

在国家机关存档的文件，其复制件、副本、节录本经档案部门或者制作原本的机关证明其内容与原本一致的，该复制件、副本、节录本具有与原本相同的证明力”。

一百零四、增加一条作为第九十二条：

“私文书证的真实性，由主张以私文书证证明案件事实的当事人承担举证责任。

私文书证由制作者或者其代理人签名、盖章或捺印的，推定为真实。

私文书证上有删除、涂改、增添或者其他形式瑕疵的,人民法院应当综合案件的具体情况判断其证明力”。

一百零五、增加一条作为第九十三条:

“人民法院对于电子数据的真实性,应当结合下列因素综合判断:

(一)电子数据的生成、存储、传输所依赖的计算机系统的硬件、软件环境是否完整、可靠;

(二)电子数据的生成、存储、传输所依赖的计算机系统的硬件、软件环境是否处于正常运行状态,或者不处于正常运行状态时对电子数据的生成、存储、传输是否有影响;

(三)电子数据的生成、存储、传输所依赖的计算机系统的硬件、软件环境是否具备有效的防止出错的监测、核查手段;

(四)电子数据是否被完整地保存、传输、提取,保存、传输、提取的方法是否可靠;

(五)电子数据是否在正常的往来活动中形成和存储;

(六)保存、传输、提取电子数据的主体是否适当;

(七)影响电子数据完整性和可靠性的其他因素。

人民法院认为有必要的,可以通过鉴定或者勘验等方法,审查判断电子数据的真实性”。

一百零六、增加一条作为第九十四条：

“电子数据存在下列情形的，人民法院可以确认其真实性，但有足以反驳的相反证据的除外：

（一）由当事人提交或者保管的于己不利的电子数据；

（二）由记录和保存电子数据的中立第三方平台提供或者确认的；

（三）在正常业务活动中形成的；

（四）以档案管理方式保管的；

（五）以当事人约定的方式保存、传输、提取的。

电子数据的内容经公证机关公证的，人民法院应当确认其真实性，但有相反证据足以推翻的除外”。

一百零七、删去第七十条、第七十一条、第七十二条、第七十三条、第七十四条。

一百零八、将第七十五条改为第九十五条，修改为：

“一方当事人控制证据无正当理由拒不提交，对待证事实负有举证责任的当事人主张该证据的内容不利于控制人的，人民法院可以认定该主张成立”。

一百零九、删去第七十六条、第七十七条。

一百一十、将第七十八条修改为第九十六条。

一百一十一、将第七十九条修改为第九十七条。

一百一十二、将第八十条改为第九十八条,修改为:

“对证人、鉴定人、勘验人的合法权益依法予以保护。

当事人或者其他诉讼参与人伪造、毁灭证据,提供虚假证据,阻止证人作证,指使、贿买、胁迫他人作伪证,或者对证人、鉴定人、勘验人打击报复的,依照民事诉讼法第一百一十条、第一百一十一条的规定进行处罚”。

一百一十三、增加一条作为第九十九条:

“本规定对证据保全没有规定的,参照适用法律、司法解释关于财产保全的规定。

除法律、司法解释另有规定外,对当事人、鉴定人、有专门知识的人的询问参照适用本规定中关于询问证人的规定;关于书证的规定适用于视听资料、电子数据;存储在电子计算机等电子介质中的视听资料,适用电子数据的规定”。

一百一十四、删去第八十一条、第八十二条。

一百一十五、将第八十三条改为第一百条,修改为:

“本规定自 2020 年 5 月 1 日起施行。

本规定公布施行后,最高人民法院以前发布的司法解释与本规定不一致的,不再适用”。

最高人民法院关于民事诉讼证据的若干规定

（2001年12月6日最高人民法院审判委员会第1201次会议通过　根据2019年10月14日最高人民法院审判委员会第1777次会议《关于修改〈关于民事诉讼证据的若干规定〉的决定》修正）

为保证人民法院正确认定案件事实，公正、及时审理民事案件，保障和便利当事人依法行使诉讼权利，根据《中华人民共和国民事诉讼法》（以下简称民事诉讼法）等有关法律的规定，结合民事审判经验和实际情况，制定本规定。

一、当事人举证

第一条　原告向人民法院起诉或者被告提出反诉，

应当提供符合起诉条件的相应的证据。

第二条 人民法院应当向当事人说明举证的要求及法律后果,促使当事人在合理期限内积极、全面、正确、诚实地完成举证。

当事人因客观原因不能自行收集的证据,可申请人民法院调查收集。

第三条 在诉讼过程中,一方当事人陈述的于己不利的事实,或者对于己不利的事实明确表示承认的,另一方当事人无需举证证明。

在证据交换、询问、调查过程中,或者在起诉状、答辩状、代理词等书面材料中,当事人明确承认于己不利的事实的,适用前款规定。

第四条 一方当事人对于另一方当事人主张的于己不利的事实既不承认也不否认,经审判人员说明并询问后,其仍然不明确表示肯定或者否定的,视为对该事实的承认。

第五条 当事人委托诉讼代理人参加诉讼的,除授权委托书明确排除的事项外,诉讼代理人的自认视为当事人的自认。

当事人在场对诉讼代理人的自认明确否认的,不视为自认。

第六条 普通共同诉讼中,共同诉讼人中一人或者数人作出的自认,对作出自认的当事人发生效力。

必要共同诉讼中,共同诉讼人中一人或者数人作出自认而其他共同诉讼人予以否认的,不发生自认的效力。其他共同诉讼人既不承认也不否认,经审判人员说明并询问后仍然不明确表示意见的,视为全体共同诉讼人的自认。

第七条 一方当事人对于另一方当事人主张的于己不利的事实有所限制或者附加条件予以承认的,由人民法院综合案件情况决定是否构成自认。

第八条 《最高人民法院关于适用〈中华人民共和国民事诉讼法〉的解释》第九十六条第一款规定的事实,不适用有关自认的规定。

自认的事实与已经查明的事实不符的,人民法院不予确认。

第九条 有下列情形之一,当事人在法庭辩论终结前撤销自认的,人民法院应当准许:

(一)经对方当事人同意的;

(二)自认是在受胁迫或者重大误解情况下作出的。

人民法院准许当事人撤销自认的,应当作出口头或者书面裁定。

第十条 下列事实,当事人无须举证证明:

(一)自然规律以及定理、定律;

(二)众所周知的事实;

(三)根据法律规定推定的事实;

(四)根据已知的事实和日常生活经验法则推定出的另一事实;

(五)已为仲裁机构的生效裁决所确认的事实;

(六)已为人民法院发生法律效力的裁判所确认的基本事实;

(七)已为有效公证文书所证明的事实。

前款第二项至第五项事实,当事人有相反证据足以反驳的除外;第六项、第七项事实,当事人有相反证据足以推翻的除外。

第十一条 当事人向人民法院提供证据,应当提供原件或者原物。如需自己保存证据原件、原物或者提供原件、原物确有困难的,可以提供经人民法院核对无异的复制件或者复制品。

第十二条 以动产作为证据的,应当将原物提交人民法院。原物不宜搬移或者不宜保存的，当事人可以提供复制品、影像资料或者其他替代品。

人民法院在收到当事人提交的动产或者替代品后，应当及时通知双方当事人到人民法院或者保存现场查验。

第十三条 当事人以不动产作为证据的，应当向人民法院提供该不动产的影像资料。

人民法院认为有必要的，应当通知双方当事人到场进行查验。

第十四条 电子数据包括下列信息、电子文件：

（一）网页、博客、微博客等网络平台发布的信息；

（二）手机短信、电子邮件、即时通信、通讯群组等网络应用服务的通信信息；

（三）用户注册信息、身份认证信息、电子交易记录、通信记录、登录日志等信息；

（四）文档、图片、音频、视频、数字证书、计算机程序等电子文件；

（五）其他以数字化形式存储、处理、传输的能够证明案件事实的信息。

第十五条 当事人以视听资料作为证据的，应当提供存储该视听资料的原始载体。

当事人以电子数据作为证据的,应当提供原件。电子数据的制作者制作的与原件一致的副本,或者直接来源于电子数据的打印件或其他可以显示、识别的输出介质,视为电子数据的原件。

第十六条 当事人提供的公文书证系在中华人民共和国领域外形成的,该证据应当经所在国公证机关证明,或者履行中华人民共和国与该所在国订立的有关条约中规定的证明手续。

中华人民共和国领域外形成的涉及身份关系的证据,应当经所在国公证机关证明并经中华人民共和国驻该国使领馆认证,或者履行中华人民共和国与该所在国订立的有关条约中规定的证明手续。

当事人向人民法院提供的证据是在香港、澳门、台湾地区形成的,应当履行相关的证明手续。

第十七条 当事人向人民法院提供外文书证或者外文说明资料,应当附有中文译本。

第十八条 双方当事人无争议的事实符合《最高人民法院关于适用〈中华人民共和国民事诉讼法〉的解释》第九十六条第一款规定情形的,人民法院可以责令当事人提供有关证据。

第十九条 当事人应当对其提交的证据材料逐一分类编号,对证据材料的来源、证明对象和内容作简要说明,签名盖章,注明提交日期,并依照对方当事人人数提出副本。

人民法院收到当事人提交的证据材料,应当出具收据,注明证据的名称、份数和页数以及收到的时间,由经办人员签名或者盖章。

二、证据的调查收集和保全

第二十条 当事人及其诉讼代理人申请人民法院调查收集证据,应当在举证期限届满前提交书面申请。

申请书应当载明被调查人的姓名或者单位名称、住所地等基本情况、所要调查收集的证据名称或者内容、需要由人民法院调查收集证据的原因及其要证明的事实以及明确的线索。

第二十一条 人民法院调查收集的书证,可以是原件,也可以是经核对无误的副本或者复制件。是副本或者复制件的,应当在调查笔录中说明来源和取证情况。

第二十二条 人民法院调查收集的物证应当是原

物。被调查人提供原物确有困难的,可以提供复制品或者影像资料。提供复制品或者影像资料的,应当在调查笔录中说明取证情况。

第二十三条 人民法院调查收集视听资料、电子数据,应当要求被调查人提供原始载体。

提供原始载体确有困难的,可以提供复制件。提供复制件的,人民法院应当在调查笔录中说明其来源和制作经过。

人民法院对视听资料、电子数据采取证据保全措施的,适用前款规定。

第二十四条 人民法院调查收集可能需要鉴定的证据,应当遵守相关技术规范,确保证据不被污染。

第二十五条 当事人或者利害关系人根据民事诉讼法第八十一条的规定申请证据保全的,申请书应当载明需要保全的证据的基本情况、申请保全的理由以及采取何种保全措施等内容。

当事人根据民事诉讼法第八十一条第一款的规定申请证据保全的,应当在举证期限届满前向人民法院提出。

法律、司法解释对诉前证据保全有规定的,依照其规定办理。

第二十六条　当事人或者利害关系人申请采取查封、扣押等限制保全标的物使用、流通等保全措施，或者保全可能对证据持有人造成损失的，人民法院应当责令申请人提供相应的担保。

担保方式或者数额由人民法院根据保全措施对证据持有人的影响、保全标的物的价值、当事人或者利害关系人争议的诉讼标的金额等因素综合确定。

第二十七条　人民法院进行证据保全，可以要求当事人或者诉讼代理人到场。

根据当事人的申请和具体情况，人民法院可以采取查封、扣押、录音、录像、复制、鉴定、勘验等方法进行证据保全，并制作笔录。

在符合证据保全目的的情况下，人民法院应当选择对证据持有人利益影响最小的保全措施。

第二十八条　申请证据保全错误造成财产损失，当事人请求申请人承担赔偿责任的，人民法院应予支持。

第二十九条　人民法院采取诉前证据保全措施后，当事人向其他有管辖权的人民法院提起诉讼的，采取保全措施的人民法院应当根据当事人的申请，将保全的证据及时移交受理案件的人民法院。

第三十条 人民法院在审理案件过程中认为待证事实需要通过鉴定意见证明的,应当向当事人释明,并指定提出鉴定申请的期间。

符合《最高人民法院关于适用〈中华人民共和国民事诉讼法〉的解释》第九十六条第一款规定情形的,人民法院应当依职权委托鉴定。

第三十一条 当事人申请鉴定,应当在人民法院指定期间内提出,并预交鉴定费用。逾期不提出申请或者不预交鉴定费用的,视为放弃申请。

对需要鉴定的待证事实负有举证责任的当事人,在人民法院指定期间内无正当理由不提出鉴定申请或者不预交鉴定费用,或者拒不提供相关材料,致使待证事实无法查明的,应当承担举证不能的法律后果。

第三十二条 人民法院准许鉴定申请的,应当组织双方当事人协商确定具备相应资格的鉴定人。当事人协商不成的,由人民法院指定。

人民法院依职权委托鉴定的,可以在询问当事人的意见后,指定具备相应资格的鉴定人。

人民法院在确定鉴定人后应当出具委托书,委托书中应当载明鉴定事项、鉴定范围、鉴定目的和鉴定期限。

第三十三条　鉴定开始之前，人民法院应当要求鉴定人签署承诺书。承诺书中应当载明鉴定人保证客观、公正、诚实地进行鉴定，保证出庭作证，如作虚假鉴定应当承担法律责任等内容。

鉴定人故意作虚假鉴定的，人民法院应当责令其退还鉴定费用，并根据情节，依照民事诉讼法第一百一十一条的规定进行处罚。

第三十四条　人民法院应当组织当事人对鉴定材料进行质证。未经质证的材料，不得作为鉴定的根据。

经人民法院准许，鉴定人可以调取证据、勘验物证和现场、询问当事人或者证人。

第三十五条　鉴定人应当在人民法院确定的期限内完成鉴定，并提交鉴定书。

鉴定人无正当理由未按期提交鉴定书的，当事人可以申请人民法院另行委托鉴定人进行鉴定。人民法院准许的，原鉴定人已经收取的鉴定费用应当退还；拒不退还的，依照本规定第八十一条第二款的规定处理。

第三十六条　人民法院对鉴定人出具的鉴定书，应当审查是否具有下列内容：

（一）委托法院的名称；

(二)委托鉴定的内容、要求;

(三)鉴定材料;

(四)鉴定所依据的原理、方法;

(五)对鉴定过程的说明;

(六)鉴定意见;

(七)承诺书。

鉴定书应当由鉴定人签名或者盖章,并附鉴定人的相应资格证明。委托机构鉴定的,鉴定书应当由鉴定机构盖章,并由从事鉴定的人员签名。

第三十七条 人民法院收到鉴定书后,应当及时将副本送交当事人。

当事人对鉴定书的内容有异议的,应当在人民法院指定期间内以书面方式提出。

对于当事人的异议,人民法院应当要求鉴定人作出解释、说明或者补充。人民法院认为有必要的,可以要求鉴定人对当事人未提出异议的内容进行解释、说明或者补充。

第三十八条 当事人在收到鉴定人的书面答复后仍有异议的,人民法院应当根据《诉讼费用交纳办法》第十一条的规定,通知有异议的当事人预交鉴定人出庭费用,并通知鉴定人出庭。有异议的当事人不预交鉴定人出庭费用的，视为放弃异议。

双方当事人对鉴定意见均有异议的，分摊预交鉴定人出庭费用。

第三十九条 鉴定人出庭费用按照证人出庭作证费用的标准计算，由败诉的当事人负担。因鉴定意见不明确或者有瑕疵需要鉴定人出庭的，出庭费用由其自行负担。

人民法院委托鉴定时已经确定鉴定人出庭费用包含在鉴定费用中的，不再通知当事人预交。

第四十条 当事人申请重新鉴定，存在下列情形之一的，人民法院应当准许：

（一）鉴定人不具备相应资格的；

（二）鉴定程序严重违法的；

（三）鉴定意见明显依据不足的；

（四）鉴定意见不能作为证据使用的其他情形。

存在前款第一项至第三项情形的，鉴定人已经收取的鉴定费用应当退还。拒不退还的，依照本规定第八十一条第二款的规定处理。

对鉴定意见的瑕疵，可以通过补正、补充鉴定或者补充质证、重新质证等方法解决的，人民法院不予准许重新鉴定的申请。

重新鉴定的，原鉴定意见不得作为认定案件事实的根据。

第四十一条 对于一方当事人就专门性问题自行委托有关机构或者人员出具的意见，另一方当事人有证据或者理由足以反驳并申请鉴定的，人民法院应予准许。

第四十二条 鉴定意见被采信后，鉴定人无正当理由撤销鉴定意见的，人民法院应当责令其退还鉴定费用，并可以根据情节，依照民事诉讼法第一百一十一条的规定对鉴定人进行处罚。当事人主张鉴定人负担由此增加的合理费用的，人民法院应予支持。

人民法院采信鉴定意见后准许鉴定人撤销的，应当责令其退还鉴定费用。

第四十三条 人民法院应当在勘验前将勘验的时间和地点通知当事人。当事人不参加的，不影响勘验进行。

当事人可以就勘验事项向人民法院进行解释和说明，可以请求人民法院注意勘验中的重要事项。

人民法院勘验物证或者现场，应当制作笔录，记录勘验的时间、地点、勘验人、在场人、勘验的经过、结果，由勘验人、在场人签名或者盖章。对于绘制的现场图应当注明绘制的时间、方位、测绘人姓名、身份等内容。

第四十四条 摘录有关单位制作的与案件事实相关的文件、材料，应当注明出处，并加盖制作单位或者保管单位的印章，摘录人和其他调查人员应当在摘录件上签名或者盖章。

摘录文件、材料应当保持内容相应的完整性。

第四十五条 当事人根据《最高人民法院关于适用〈中华人民共和国民事诉讼法〉的解释》第一百一十二条的规定申请人民法院责令对方当事人提交书证的，申请书应当载明所申请提交的书证名称或者内容、需要以该书证证明的事实及事实的重要性、对方当事人控制该书证的根据以及应当提交该书证的理由。

对方当事人否认控制书证的，人民法院应当根据法律规定、习惯等因素，结合案件的事实、证据，对于书证是否在对方当事人控制之下的事实作出综合判断。

第四十六条 人民法院对当事人提交书证的申请进行审查时，应当听取对方当事人的意见，必要时可以要求双方当事人提供证据、进行辩论。

当事人申请提交的书证不明确、书证对于待证事实的证明无必要、待证事实对于裁判结果无实质性影响、书证未在对方当事人控制之下或者不符合本规定第四十七条情形的,人民法院不予准许。

当事人申请理由成立的,人民法院应当作出裁定,责令对方当事人提交书证;理由不成立的,通知申请人。

第四十七条 下列情形,控制书证的当事人应当提交书证:

(一)控制书证的当事人在诉讼中曾经引用过的书证;

(二)为对方当事人的利益制作的书证;

(三)对方当事人依照法律规定有权查阅、获取的书证;

(四)账簿、记账原始凭证;

(五)人民法院认为应当提交书证的其他情形。

前款所列书证,涉及国家秘密、商业秘密、当事人或第三人的隐私,或者存在法律规定应当保密的情形的,提交后不得公开质证。

第四十八条 控制书证的当事人无正当理由拒不提交书证的,人民法院可以认定对方当事人所主张的书证内容为真实。

控制书证的当事人存在《最高人民法院关于适用〈中华人民共和国民事诉讼法〉的解释》第一百一十三条规定情形的，人民法院可以认定对方当事人主张以该书证证明的事实为真实。

三、举证时限与证据交换

第四十九条　被告应当在答辩期届满前提出书面答辩，阐明其对原告诉讼请求及所依据的事实和理由的意见。

第五十条　人民法院应当在审理前的准备阶段向当事人送达举证通知书。

举证通知书应当载明举证责任的分配原则和要求、可以向人民法院申请调查收集证据的情形、人民法院根据案件情况指定的举证期限以及逾期提供证据的法律后果等内容。

第五十一条　举证期限可以由当事人协商，并经人民法院准许。

人民法院指定举证期限的，适用第一审普通程序审理的案件不得少于十五日，当事人提供新的证据的第二审案件不得少于十日。适用简易程序审理的案件不得超过十五日，小额诉讼案件的举证期限一般不得超过七日。

举证期限届满后，当事人提供反驳证据或者对已经提供的证据的来源、形式等方面的瑕疵进行补正的，人民法院可以酌情再次确定举证期限，该期限不受前款规定的期间限制。

第五十二条 当事人在举证期限内提供证据存在客观障碍，属于民事诉讼法第六十五条第二款规定的"当事人在该期限内提供证据确有困难"的情形。

前款情形，人民法院应当根据当事人的举证能力、不能在举证期限内提供证据的原因等因素综合判断。必要时，可以听取对方当事人的意见。

第五十三条 诉讼过程中，当事人主张的法律关系性质或者民事行为效力与人民法院根据案件事实作出的认定不一致的，人民法院应当将法律关系性质或者民事行为效力作为焦点问题进行审理。但法律关系性质对裁判理由及结果没有影响，或者有关问题已经当事人充分辩论的除外。

存在前款情形，当事人根据法庭审理情况变更诉讼请求的，人民法院应当准许并可以根据案件的具体情况重新指定举证期限。

第五十四条 当事人申请延长举证期限的，应当在举证期限届满前向人民法院提出书面申请。

申请理由成立的，人民法院应当准许，适当延长举证期限，并通知其他当事人。延长的举证期限适用于其他当事人。

申请理由不成立的，人民法院不予准许，并通知申请人。

第五十五条 存在下列情形的，举证期限按照如下方式确定：

（一）当事人依照民事诉讼法第一百二十七条规定提出管辖权异议的，举证期限中止，自驳回管辖权异议的裁定生效之日起恢复计算；

（二）追加当事人、有独立请求权的第三人参加诉讼或者无独立请求权的第三人经人民法院通知参加诉讼的，人民法院应当依照本规定第五十一条的规定为新参加诉讼的当事人确定举证期限，该举证期限适用于其他当事人；

（三）发回重审的案件，第一审人民法院可以结合案件具体情况和发回重审的原因，酌情确定举证期限；

（四）当事人增加、变更诉讼请求或者提出反诉的，人民法院应当根据案件具体情况重新确定举证期限；

（五）公告送达的，举证期限自公告期届满之次日起计算。

第五十六条 人民法院依照民事诉讼法第一百三十三条第四项的规定，通过组织证据交换进行审理前准备的，证据交换之日举证期限届满。

证据交换的时间可以由当事人协商一致并经人民法院认可，也可以由人民法院指定。当事人申请延期举证经人民法院准许的，证据交换日相应顺延。

第五十七条 证据交换应当在审判人员的主持下进行。

在证据交换的过程中，审判人员对当事人无异议的事实、证据应当记录在卷；对有异议的证据，按照需要证明的事实分类记录在卷，并记载异议的理由。通过证据交换，确定双方当事人争议的主要问题。

第五十八条 当事人收到对方的证据后有反驳证据需要提交的，人民法院应当再次组织证据交换。

第五十九条 人民法院对逾期提供证据的当事人处以罚款的，可以结合当事人逾期提供证据的主观过错程度、导致诉讼迟延的情况、诉讼标的金额等因素，确定罚款数额。

四、质　　证

第六十条　当事人在审理前的准备阶段或者人民法院调查、询问过程中发表过质证意见的证据，视为质证过的证据。

当事人要求以书面方式发表质证意见，人民法院在听取对方当事人意见后认为有必要的，可以准许。人民法院应当及时将书面质证意见送交对方当事人。

第六十一条　对书证、物证、视听资料进行质证时，当事人应当出示证据的原件或者原物。但有下列情形之一的除外：

（一）出示原件或者原物确有困难并经人民法院准许出示复制件或者复制品的；

（二）原件或者原物已不存在，但有证据证明复制件、复制品与原件或者原物一致的。

第六十二条　质证一般按下列顺序进行：

（一）原告出示证据，被告、第三人与原告进行质证；

（二）被告出示证据，原告、第三人与被告进行质证；

（三）第三人出示证据，原告、被告与第三人进行质证。

人民法院根据当事人申请调查收集的证据,审判人员对调查收集证据的情况进行说明后,由提出申请的当事人与对方当事人、第三人进行质证。

人民法院依职权调查收集的证据,由审判人员对调查收集证据的情况进行说明后,听取当事人的意见。

第六十三条　当事人应当就案件事实作真实、完整的陈述。

当事人的陈述与此前陈述不一致的,人民法院应当责令其说明理由,并结合当事人的诉讼能力、证据和案件具体情况进行审查认定。

当事人故意作虚假陈述妨碍人民法院审理的,人民法院应当根据情节,依照民事诉讼法第一百一十一条的规定进行处罚。

第六十四条　人民法院认为有必要的,可以要求当事人本人到场,就案件的有关事实接受询问。

人民法院要求当事人到场接受询问的,应当通知当事人询问的时间、地点、拒不到场的后果等内容。

第六十五条　人民法院应当在询问前责令当事人签署保证书并宣读保证书的内容。

保证书应当载明保证据实陈述,绝无隐瞒、歪曲、增减，如有虚假陈述应当接受处罚等内容。当事人应当在保证书上签名、捺印。

当事人有正当理由不能宣读保证书的，由书记员宣读并进行说明。

第六十六条 当事人无正当理由拒不到场、拒不签署或宣读保证书或者拒不接受询问的，人民法院应当综合案件情况，判断待证事实的真伪。待证事实无其他证据证明的，人民法院应当作出不利于该当事人的认定。

第六十七条 不能正确表达意思的人，不能作为证人。

待证事实与其年龄、智力状况或者精神健康状况相适应的无民事行为能力人和限制民事行为能力人，可以作为证人。

第六十八条 人民法院应当要求证人出庭作证，接受审判人员和当事人的询问。证人在审理前的准备阶段或者人民法院调查、询问等双方当事人在场时陈述证言的，视为出庭作证。

双方当事人同意证人以其他方式作证并经人民法院准许的，证人可以不出庭作证。

无正当理由未出庭的证人以书面等方式提供的证

言，不得作为认定案件事实的根据。

第六十九条 当事人申请证人出庭作证的，应当在举证期限届满前向人民法院提交申请书。

申请书应当载明证人的姓名、职业、住所、联系方式，作证的主要内容，作证内容与待证事实的关联性，以及证人出庭作证的必要性。

符合《最高人民法院关于适用〈中华人民共和国民事诉讼法〉的解释》第九十六条第一款规定情形的，人民法院应当依职权通知证人出庭作证。

第七十条 人民法院准许证人出庭作证申请的，应当向证人送达通知书并告知双方当事人。通知书中应当载明证人作证的时间、地点，作证的事项、要求以及作伪证的法律后果等内容。

当事人申请证人出庭作证的事项与待证事实无关，或者没有通知证人出庭作证必要的，人民法院不予准许当事人的申请。

第七十一条 人民法院应当要求证人在作证之前签署保证书，并在法庭上宣读保证书的内容。但无民事行为能力人和限制民事行为能力人作为证人的除外。

证人确有正当理由不能宣读保证书的，由书记员代为宣读并进行说明。

证人拒绝签署或者宣读保证书的，不得作证，并自行承担相关费用。

证人保证书的内容适用当事人保证书的规定。

第七十二条 证人应当客观陈述其亲身感知的事实，作证时不得使用猜测、推断或者评论性语言。

证人作证前不得旁听法庭审理，作证时不得以宣读事先准备的书面材料的方式陈述证言。

证人言辞表达有障碍的，可以通过其他表达方式作证。

第七十三条 证人应当就其作证的事项进行连续陈述。

当事人及其法定代理人、诉讼代理人或者旁听人员干扰证人陈述的，人民法院应当及时制止，必要时可以依照民事诉讼法第一百一十条的规定进行处罚。

第七十四条 审判人员可以对证人进行询问。当事人及其诉讼代理人经审判人员许可后可以询问证人。

询问证人时其他证人不得在场。

人民法院认为有必要的，可以要求证人之间进行对质。

第七十五条 证人出庭作证后，可以向人民法院申请支付证人出庭作证费用。证人有困难需要预先支取出庭作证费用的，人民法院可以根据证人的申请在出庭作证前支付。

第七十六条 证人确有困难不能出庭作证，申请以书面证言、视听传输技术或者视听资料等方式作证的，应当向人民法院提交申请书。申请书中应当载明不能出庭的具体原因。

符合民事诉讼法第七十三条规定情形的，人民法院应当准许。

第七十七条 证人经人民法院准许，以书面证言方式作证的，应当签署保证书；以视听传输技术或者视听资料方式作证的，应当签署保证书并宣读保证书的内容。

第七十八条 当事人及其诉讼代理人对证人的询问与待证事实无关，或者存在威胁、侮辱证人或不适当引导等情形的，审判人员应当及时制止。必要时可以依照民事诉讼法第一百一十条、第一百一十一条的规定进行处罚。

证人故意作虚假陈述，诉讼参与人或者其他人以暴力、威胁、贿买等方法妨碍证人作证，或者在证人作证后以侮辱、诽谤、诬陷、恐吓、殴打等方式对证人打击报复的，人民法院应当根据情节，依照民事诉讼法第一百一十一条的规定，对行为人进行处罚。

第七十九条 鉴定人依照民事诉讼法第七十八条的规定出庭作证的，人民法院应当在开庭审理三日前将出庭的时间、地点及要求通知鉴定人。

委托机构鉴定的，应当由从事鉴定的人员代表机构出庭。

第八十条 鉴定人应当就鉴定事项如实答复当事人的异议和审判人员的询问。当庭答复确有困难的，经人民法院准许，可以在庭审结束后书面答复。

人民法院应当及时将书面答复送交当事人，并听取当事人的意见。必要时，可以再次组织质证。

第八十一条 鉴定人拒不出庭作证的，鉴定意见不得作为认定案件事实的根据。人民法院应当建议有关主管部门或者组织对拒不出庭作证的鉴定人予以处罚。

当事人要求退还鉴定费用的，人民法院应当在三日内作出裁定，责令鉴定人退还；拒不退还的，由人民法院依法执行。

当事人因鉴定人拒不出庭作证申请重新鉴定的，人民法院应当准许。

第八十二条 经法庭许可，当事人可以询问鉴定人、勘验人。

询问鉴定人、勘验人不得使用威胁、侮辱等不适当的言语和方式。

第八十三条 当事人依照民事诉讼法第七十九条和《最高人民法院关于适用〈中华人民共和国民事诉讼法〉的解释》第一百二十二条的规定，申请有专门知识的人出庭的，申请书中应当载明有专门知识的人的基本情况和申请的目的。

人民法院准许当事人申请的，应当通知双方当事人。

第八十四条 审判人员可以对有专门知识的人进行询问。经法庭准许，当事人可以对有专门知识的人进行询问，当事人各自申请的有专门知识的人可以就案件中的有关问题进行对质。

有专门知识的人不得参与对鉴定意见质证或者就专业问题发表意见之外的法庭审理活动。

五、证据的审核认定

第八十五条 人民法院应当以证据能够证明的案件事实为根据依法作出裁判。

审判人员应当依照法定程序,全面、客观地审核证据,依据法律的规定,遵循法官职业道德,运用逻辑推理和日常生活经验,对证据有无证明力和证明力大小独立进行判断,并公开判断的理由和结果。

第八十六条 当事人对于欺诈、胁迫、恶意串通事实的证明,以及对于口头遗嘱或赠与事实的证明,人民法院确信该待证事实存在的可能性能够排除合理怀疑的,应当认定该事实存在。

与诉讼保全、回避等程序事项有关的事实,人民法院结合当事人的说明及相关证据,认为有关事实存在的可能性较大的,可以认定该事实存在。

第八十七条 审判人员对单一证据可以从下列方面进行审核认定:

(一)证据是否为原件、原物,复制件、复制品与原件、原物是否相符;

(二)证据与本案事实是否相关;

(三)证据的形式、来源是否符合法律规定;

(四)证据的内容是否真实;

(五)证人或者提供证据的人与当事人有无利害关系。

第八十八条　审判人员对案件的全部证据，应当从各证据与案件事实的关联程度、各证据之间的联系等方面进行综合审查判断。

第八十九条　当事人在诉讼过程中认可的证据，人民法院应当予以确认。但法律、司法解释另有规定的除外。

当事人对认可的证据反悔的，参照《最高人民法院关于适用〈中华人民共和国民事诉讼法〉的解释》第二百二十九条的规定处理。

第九十条　下列证据不能单独作为认定案件事实的根据：

（一）当事人的陈述；

（二）无民事行为能力人或者限制民事行为能力人所作的与其年龄、智力状况或者精神健康状况不相当的证言；

（三）与一方当事人或者其代理人有利害关系的证人陈述的证言；

（四）存有疑点的视听资料、电子数据；

（五）无法与原件、原物核对的复制件、复制品。

第九十一条　公文书证的制作者根据文书原件制作

的载有部分或者全部内容的副本，与正本具有相同的证明力。

在国家机关存档的文件，其复制件、副本、节录本经档案部门或者制作原本的机关证明其内容与原本一致的，该复制件、副本、节录本具有与原本相同的证明力。

第九十二条 私文书证的真实性，由主张以私文书证证明案件事实的当事人承担举证责任。

私文书证由制作者或者其代理人签名、盖章或捺印的，推定为真实。

私文书证上有删除、涂改、增添或者其他形式瑕疵的，人民法院应当综合案件的具体情况判断其证明力。

第九十三条 人民法院对于电子数据的真实性，应当结合下列因素综合判断：

（一）电子数据的生成、存储、传输所依赖的计算机系统的硬件、软件环境是否完整、可靠；

（二）电子数据的生成、存储、传输所依赖的计算机系统的硬件、软件环境是否处于正常运行状态，或者不处于正常运行状态时对电子数据的生成、存储、传输是否有影响；

（三）电子数据的生成、存储、传输所依赖的计算机系统的硬件、软件环境是否具备有效的防止出错的监测、核查手段；

（四）电子数据是否被完整地保存、传输、提取，保存、传输、提取的方法是否可靠；

（五）电子数据是否在正常的往来活动中形成和存储；

（六）保存、传输、提取电子数据的主体是否适当；

（七）影响电子数据完整性和可靠性的其他因素。

人民法院认为有必要的，可以通过鉴定或者勘验等方法，审查判断电子数据的真实性。

第九十四条 电子数据存在下列情形的，人民法院可以确认其真实性，但有足以反驳的相反证据的除外：

（一）由当事人提交或者保管的于己不利的电子数据；

（二）由记录和保存电子数据的中立第三方平台提供或者确认的；

（三）在正常业务活动中形成的；

（四）以档案管理方式保管的；

（五）以当事人约定的方式保存、传输、提取的。

电子数据的内容经公证机关公证的，人民法院应当确认其真实性，但有相反证据足以推翻的除外。

第九十五条 一方当事人控制证据无正当理由拒不提交，对待证事实负有举证责任的当事人主张该证据的内容不利于控制人的，人民法院可以认定该主张成立。

第九十六条 人民法院认定证人证言，可以通过对证人的智力状况、品德、知识、经验、法律意识和专业技能等的综合分析作出判断。

第九十七条 人民法院应当在裁判文书中阐明证据是否采纳的理由。

对当事人无争议的证据，是否采纳的理由可以不在裁判文书中表述。

六、其　　他

第九十八条 对证人、鉴定人、勘验人的合法权益依法予以保护。

当事人或者其他诉讼参与人伪造、毁灭证据，提供虚假证据，阻止证人作证，指使、贿买、胁迫他人作伪证，或者对证人、鉴定人、勘验人打击报复的，依照民事诉讼法第一百一十条、第一百一十一条的规定进行处罚。

第九十九条 本规定对证据保全没有规定的，参照适用法律、司法解释关于财产保全的规定。

除法律、司法解释另有规定外,对当事人、鉴定人、有专门知识的人的询问参照适用本规定中关于询问证人的规定;关于书证的规定适用于视听资料、电子数据;存储在电子计算机等电子介质中的视听资料,适用电子数据的规定。

第一百条　本规定自 2020 年 5 月 1 日起施行。

本规定公布施行后,最高人民法院以前发布的司法解释与本规定不一致的,不再适用。

《最高人民法院关于民事诉讼证据的若干规定》新旧条文对照表

（左栏**黑体**部分为删除或修改的内容，右栏**黑体**部分为增加或修改的内容）

修　订　前	修　订　后
一、当事人举证	一、当事人举证
第一条　原告向人民法院起诉或者被告提出反诉，应当**附有**符合起诉条件的相应的证据**材料**。	**第一条**　原告向人民法院起诉或者被告提出反诉，应当**提供**符合起诉条件的相应的证据。
第二条　当事人对自己提出的诉讼请求所依据的事实或者反驳对方诉讼请求所依据的事实有责任提供证据加以证明。 **没有证据或者证据不足以证明当事人的事实主张的，由负有举证责任的当事人承担不利后果。**	

续表

修　订　前	修　订　后
第三条　人民法院应当向当事人说明举证的要求及法律后果，促使当事人在合理期限内积极、全面、正确、诚实地完成举证。 当事人因客观原因不能自行收集的证据，可申请人民法院调查收集。	第二条　人民法院应当向当事人说明举证的要求及法律后果，促使当事人在合理期限内积极、全面、正确、诚实地完成举证。 当事人因客观原因不能自行收集的证据，可申请人民法院调查收集。
第四条　下列侵权诉讼，按照以下规定承担举证责任： （一）因新产品制造方法发明专利引起的专利侵权诉讼，由制造同样产品的单位或者个人对其产品制造方法不同于专利方法承担举证责任； （二）高度危险作业致人损害的侵权诉讼，由加害人就受害人故意造成损害的事实承担举证责任； （三）因环境污染引起的损害赔偿诉讼，由加害人就法律规定的免责事由及其行为与损害结果之间不存在因果关系承担举证责任； （四）建筑物或者其他设施以及建筑物上的搁置物、悬挂物发生倒塌、脱落、坠落致人损害的侵权诉讼，由所有人或者管理人对其无过错承担举证责任； （五）饲养动物致人损害的侵权诉讼，由动物饲养人或者管理人就受害人有过错或者第三人有过	

续表

修　订　前	修　订　后
错承担举证责任； （六）因缺陷产品致人损害的侵权诉讼，由产品的生产者就法律规定的免责事由承担举证责任； （七）因共同危险行为致人损害的侵权诉讼，由实施危险行为的人就其行为与损害结果之间不存在因果关系承担举证责任； （八）因医疗行为引起的侵权诉讼，由医疗机构就医疗行为与损害结果之间不存在因果关系及不存在医疗过错承担举证责任。 有关法律对侵权诉讼的举证责任有特殊规定的，从其规定。	
第五条　在合同纠纷案件中，主张合同关系成立并生效的一方当事人对合同订立和生效的事实承担举证责任；主张合同关系变更、解除、终止、撤销的一方当事人对引起合同关系变动的事实承担举证责任。 对合同是否履行发生争议的，由负有履行义务的当事人承担举证责任。 对代理权发生争议的，由主张有代理权一方当事人承担举证责任。	
第六条　在劳动争议纠纷案件中，因用人单位作出开除、除名、	

续表

修　订　前	修　订　后
辞退、解除劳动合同、减少劳动报酬、计算劳动者工作年限等决定而发生劳动争议的，由用人单位负举证责任。	
第七条　在法律没有具体规定，依本规定及其他司法解释无法确定举证责任承担时，人民法院可以根据公平原则和诚实信用原则，综合当事人举证能力等因素确定举证责任的承担。	
第八条第一款　诉讼过程中，一方当事人对另一方当事人陈述的案件事实明确表示承认的，另一方当事人无需举证。但涉及身份关系的案件除外。 第七十四条　诉讼过程中，当事人在起诉状、答辩状、陈述及其委托代理人的代理词中承认的对己方不利的事实和认可的证据，人民法院应当予以确认，但当事人反悔并有相反证据足以推翻的除外。	第三条　在诉讼过程中，一方当事人陈述的于己不利的事实，或者对于己不利的事实明确表示承认的，另一方当事人无需举证证明。 在证据交换、询问、调查过程中，或者在起诉状、答辩状、代理词等书面材料中，当事人明确承认于己不利的事实的，适用前款规定。
第八条第二款　对一方当事人陈述的事实，另一方当事人既未表示承认也未否认，经审判人员充分说明并询问后，其仍不明确表示肯定或者否定的，视为对该项事实的承认。	第四条　一方当事人对于另一方当事人主张的于己不利的事实既不承认也不否认，经审判人员说明并询问后，其仍然不明确表示肯定或者否定的，视为对该事实的承认。

续表

修订前	修订后
第八条第三款　当事人委托代理人参加诉讼的，代理人的承认视为当事人的承认。但未经特别授权的代理人对事实的承认直接导致承认对方诉讼请求的除外。当事人在场但对其代理人的承认不作否认表示的，视为当事人的承认。	第五条　当事人委托诉讼代理人参加诉讼的，除授权委托书明确排除的事项外，诉讼代理人的自认视为当事人的自认。 当事人在场对诉讼代理人的自认明确否认的，不视为自认。
	第六条　普通共同诉讼中，共同诉讼人中一人或者数人作出的自认，对作出自认的当事人发生效力。 必要共同诉讼中，共同诉讼人中一人或者数人作出自认而其他共同诉讼人予以否认的，不发生自认的效力。其他共同诉讼人既不承认也不否认，经审判人员说明并询问后仍然不明确表示意见的，视为全体共同诉讼人的自认。
	第七条　一方当事人对于另一方当事人主张的于己不利的事实有所限制或者附加条件予以承认的，由人民法院综合案件情况决定是否构成自认。
	第八条　《最高人民法院关于适用〈中华人民共和国民事诉讼法〉的解释》第九十六条第一款规定的事实，不适用有关自认的规定。

续表

修订前	修订后
	自认的事实与已经查明的事实不符的,人民法院不予确认。
第八条第四款　当事人在法庭辩论终结前撤回承认并经对方当事人同意,或者有充分证据证明其承认行为是在受胁迫或者重大误解情况下作出且与事实不符的,不能免除对方当事人的举证责任。	第九条　有下列情形之一,当事人在法庭辩论终结前撤销自认的,人民法院应当准许: (一)经对方当事人同意的; (二)自认是在受胁迫或者重大误解情况下作出的。 人民法院准许当事人撤销自认的,应当作出口头或者书面裁定。
第九条　下列事实,当事人无需举证证明: (一)众所周知的事实; (二)自然规律及定理; (三)根据法律规定或者已知事实和日常生活经验法则,能推定出的另一事实; (四)已为人民法院发生法律效力的裁判所确认的事实; (五)已为仲裁机构的生效裁决所确认的事实; (六)已为有效公证文书所证明的事实。 前款(一)、(三)、(四)、(五)、(六)项,当事人有相反证据足以推翻的除外。	第十条　下列事实,当事人无须举证证明: (一)自然规律以及定理、定律; (二)众所周知的事实; (三)根据法律规定推定的事实; (四)根据已知的事实和日常生活经验法则推定出的另一事实; (五)已为仲裁机构的生效裁决所确认的事实; (六)已为人民法院发生法律效力的裁判所确认的基本事实; (七)已为有效公证文书所证明的事实。 前款第二项至第五项事实,当事人有相反证据足以反驳的除外;第六项、第七项事实,当事人有相反证据足以推翻的除外。

续表

修　订　前	修　订　后
第十条　当事人向人民法院提供证据，应当提供原件或者原物。如需自己保存证据原件、原物或者提供原件、原物确有困难的，可以提供经人民法院核对无异的复制件或者复制品。	**第十一条**　当事人向人民法院提供证据，应当提供原件或者原物。如需自己保存证据原件、原物或者提供原件、原物确有困难的，可以提供经人民法院核对无异的复制件或者复制品。
	第十二条　以动产作为证据的，应当将原物提交人民法院。原物不宜搬移或者不宜保存的，当事人可以提供复制品、影像资料或者其他替代品。 **人民法院在收到当事人提交的动产或者替代品后，应当及时通知双方当事人到人民法院或者保存现场查验。**
	第十三条　当事人以不动产作为证据的，应当向人民法院提供该不动产的影像资料。 **人民法院认为有必要的，应当通知双方当事人到场进行查验。**
	第十四条　电子数据包括下列信息、电子文件： **（一）网页、博客、微博客等网络平台发布的信息；** **（二）手机短信、电子邮件、即时通信、通讯群组等网络应用服务的通信信息；**

续表

修　订　前	修　订　后
	（三）用户注册信息、身份认证信息、电子交易记录、通信记录、登录日志等信息； （四）文档、图片、音频、视频、数字证书、计算机程序等电子文件； （五）其他以数字化形式存储、处理、传输的能够证明案件事实的信息。
	第十五条　当事人以视听资料作为证据的，应当提供存储该视听资料的原始载体。 当事人以电子数据作为证据的，应当提供原件。电子数据的制作者制作的与原件一致的副本，或者直接来源于电子数据的打印件或其他可以显示、识别的输出介质，视为电子数据的原件。
第十一条　当事人向人民法院提供的证据系在中华人民共和国领域外形成的，该证据应当经所在国公证机关予以证明，并经中华人民共和国驻该国使领馆予以认证，或者履行中华人民共和国与该所在国订立的有关条约中规定的证明手续。 当事人向人民法院提供的证据	第十六条　当事人提供的公文书证系在中华人民共和国领域外形成的，该证据应当经所在国公证机关证明，或者履行中华人民共和国与该所在国订立的有关条约中规定的证明手续。 中华人民共和国领域外形成的涉及身份关系的证据，应当经所在国公证机关证明并经中华人民共

续表

修　订　前	修　订　后
是在香港、澳门、台湾地区形成的，应当履行相关的证明手续。	**和国驻该国使领馆认证，或者履行中华人民共和国与该所在国订立的有关条约中规定的证明手续。** 当事人向人民法院提供的证据是在香港、澳门、台湾地区形成的，应当履行相关的证明手续。
第十二条　当事人向人民法院提供外文书证或者外文说明资料，应当附有中文译本。	**第十七条**　当事人向人民法院提供外文书证或者外文说明资料，应当附有中文译本。
第十三条　**对**双方当事人无争议**但涉及国家利益、社会公共利益或者他人合法权益的事实**，人民法院可以责令当事人提供有关证据。	**第十八条**　双方当事人无争议**的事实符合《最高人民法院关于适用〈中华人民共和国民事诉讼法〉的解释》第九十六条第一款规定情形的**，人民法院可以责令当事人提供有关证据。
第十四条　当事人应当对其提交的证据材料逐一分类编号，对证据材料的来源、证明对象和内容作简要说明，签名盖章，注明提交日期，并依照对方当事人人数提出副本。 人民法院收到当事人提交的证据材料，应当出具收据，注明证据的名称、份数和页数以及收到的时间，由经办人员签名或者盖章。	**第十九条**　当事人应当对其提交的证据材料逐一分类编号，对证据材料的来源、证明对象和内容作简要说明，签名盖章，注明提交日期，并依照对方当事人人数提出副本。 人民法院收到当事人提交的证据材料，应当出具收据，注明证据的名称、份数和页数以及收到的时间，由经办人员签名或者盖章。

续表

修订前	修订后
二、人民法院调查收集证据	二、证据的调查收集和保全
第十五条 《民事诉讼法》第六十四条规定的“人民法院认为审理案件需要的证据”,是指以下情形: (一)涉及可能有损国家利益、社会公共利益或者他人合法权益的事实; (二)涉及依职权追加当事人、中止诉讼、终结诉讼、回避等与实体争议无关的程序事项。	
第十六条 除本规定第十五条规定的情形外,人民法院调查收集证据,应当依当事人的申请进行。	
第十七条 符合下列条件之一的,当事人及其诉讼代理人可以申请人民法院调查收集证据: (一)申请调查收集的证据属于国家有关部门保存并须人民法院依职权调取的档案材料; (二)涉及国家秘密、商业秘密、个人隐私的材料; (三)当事人及其诉讼代理人确因客观原因不能自行收集的其他材料。	
第十八条 当事人及其诉讼代理人申请人民法院调查收集证据,应当提交书面申请。申请书应	第二十条 当事人及其诉讼代理人申请人民法院调查收集证据,应当在**举证期限届满前**提交书

续表

修　订　前	修　订　后
当载明被调查人的姓名或者单位名称、住所地等基本情况、所要调查收集的证据的内容、需要由人民法院调查收集证据的原因及其要证明的事实。 **第十九条　当事人及其诉讼代理人申请人民法院调查收集证据，不得迟于举证期限届满前七日。** **人民法院对当事人及其诉讼代理人的申请不予准许的，应当向当事人或其诉讼代理人送达通知书。当事人及其诉讼代理人可以在收到通知书的次日起三日内向受理申请的人民法院书面申请复议一次。人民法院应当在收到复议申请之日起五日内作出答复。**	面申请。 申请书应当载明被调查人的姓名或者单位名称、住所地等基本情况、所要调查收集的证据**名称或者**内容、需要由人民法院调查收集证据的原因及其要证明的事实**以及明确的线索**。
第二十条　调查人员调查收集的书证，可以是原件，也可以是经核对无误的副本或者复制件。是副本或者复制件的，应当在调查笔录中说明来源和取证情况。	**第二十一条　人民法院**调查收集的书证，可以是原件，也可以是经核对无误的副本或者复制件。是副本或者复制件的，应当在调查笔录中说明来源和取证情况。
第二十一条　调查人员调查收集的物证应当是原物。被调查人提供原物确有困难的，可以提供复制品或者**照片**。提供复制品或者**照片**的，应当在调查笔录中说明取证情况。	**第二十二条　人民法院**调查收集的物证应当是原物。被调查人提供原物确有困难的，可以提供复制品或者**影像资料**。提供复制品或者**影像资料**的，应当在调查笔录中说明取证情况。

续表

修　订　前	修　订　后
第二十二条　调查人员调查收集计算机数据或者录音、录像等视听资料的，应当要求被调查人提供有关资料的原始载体。提供原始载体确有困难的，可以提供复制件。提供复制件的，调查人员应当在调查笔录中说明其来源和制作经过。	第二十三条　人民法院调查收集视听资料、电子数据，应当要求被调查人提供原始载体。 提供原始载体确有困难的，可以提供复制件。提供复制件的，人民法院应当在调查笔录中说明其来源和制作经过。 人民法院对视听资料、电子数据采取证据保全措施的，适用前款规定。
	第二十四条　人民法院调查收集可能需要鉴定的证据，应当遵守相关技术规范，确保证据不被污染。
第二十三条　当事人依据《民事诉讼法》第七十四条的规定向人民法院申请保全证据，不得迟于举证期限届满前七日。 当事人申请保全证据的，人民法院可以要求其提供相应的担保。 法律、司法解释规定诉前保全证据的，依照其规定办理。	第二十五条　当事人或者利害关系人根据民事诉讼法第八十一条的规定申请证据保全的，申请书应当载明需要保全的证据的基本情况、申请保全的理由以及采取何种保全措施等内容。 当事人根据民事诉讼法第八十一条第一款的规定申请证据保全的，应当在举证期限届满前向人民法院提出。 法律、司法解释对诉前证据保全有规定的，依照其规定办理。

续表

修订前	修订后
	第二十六条　当事人或者利害关系人申请采取查封、扣押等限制保全标的物使用、流通等保全措施，或者保全可能对证据持有人造成损失的，人民法院应当责令申请人提供相应的担保。 **担保方式或者数额由人民法院根据保全措施对证据持有人的影响、保全标的物的价值、当事人或者利害关系人争议的诉讼标的金额等因素综合确定。**
第二十四条　人民法院进行证据保全，可以根据具体情况，采取查封、扣押、拍照、录音、录像、复制、鉴定、勘验、制作笔录等方法。 人民法院进行证据保全，可以要求当事人或者诉讼代理人到场。	第二十七条　人民法院进行证据保全，可以要求当事人或者诉讼代理人到场。 **根据当事人的申请和具体情况，人民法院可以采取查封、扣押、录音、录像、复制、鉴定、勘验等方法进行证据保全，并制作笔录。** **在符合证据保全目的的情况下，人民法院应当选择对证据持有人利益影响最小的保全措施。**
	第二十八条　申请证据保全错误造成财产损失，当事人请求申请人承担赔偿责任的，人民法院应予支持。

续表

修　订　前	修　订　后
	第二十九条　人民法院采取诉前证据保全措施后，当事人向其他有管辖权的人民法院提起诉讼的，采取保全措施的人民法院应当根据当事人的申请，将保全的证据及时移交受理案件的人民法院。
	第三十条　人民法院在审理案件过程中认为待证事实需要通过鉴定意见证明的，应当向当事人释明，并指定提出鉴定申请的期间。 符合《最高人民法院关于适用〈中华人民共和国民事诉讼法〉的解释》第九十六条第一款规定情形的，人民法院应当依职权委托鉴定。
第二十五条　当事人申请鉴定，应当在举证期限内提出。符合本规定第二十七条规定的情形，当事人申请重新鉴定的除外。 对需要鉴定的事项负有举证责任的当事人，在人民法院指定的期限内无正当理由不提出鉴定申请或者不预交鉴定费用或者拒不提供相关材料，致使对案件争议的事实无法通过鉴定结论予以认定的，应当对该事实承担举证不能的法律后果。	第三十一条　当事人申请鉴定，应当在人民法院指定期间内提出，并预交鉴定费用。逾期不提出申请或者不预交鉴定费用的，视为放弃申请。 对需要鉴定的待证事实负有举证责任的当事人，在人民法院指定期间内无正当理由不提出鉴定申请或者不预交鉴定费用，或者拒不提供相关材料，致使待证事实无法查明的，应当承担举证不能的法律后果。

续表

修订前	修订后
第二十六条　当事人申请鉴定经人民法院同意后，由双方当事人协商确定有鉴定资格的鉴定机构、鉴定人员，协商不成的，由人民法院指定。	第三十二条　人民法院准许鉴定申请的，应当组织双方当事人协商确定具备相应资格的鉴定人。当事人协商不成的，由人民法院指定。 人民法院依职权委托鉴定的，可以在询问当事人的意见后，指定具备相应资格的鉴定人。 人民法院在确定鉴定人后应当出具委托书，委托书中应当载明鉴定事项、鉴定范围、鉴定目的和鉴定期限。
	第三十三条　鉴定开始之前，人民法院应当要求鉴定人签署承诺书。承诺书中应当载明鉴定人保证客观、公正、诚实地进行鉴定，保证出庭作证，如作虚假鉴定应当承担法律责任等内容。 鉴定人故意作虚假鉴定的，人民法院应当责令其退还鉴定费用，并根据情节，依照民事诉讼法第一百一十一条的规定进行处罚。
	第三十四条　人民法院应当组织当事人对鉴定材料进行质证。未经质证的材料，不得作为鉴定的根据。 经人民法院准许，鉴定人可以调取证据、勘验物证和现场、询问当事人或者证人。

续表

修　订　前	修　订　后
	第三十五条　鉴定人应当在人民法院确定的期限内完成鉴定，并提交鉴定书。 **鉴定人无正当理由未按期提交鉴定书的，当事人可以申请人民法院另行委托鉴定人进行鉴定。人民法院准许的，原鉴定人已经收取的鉴定费用应当退还；拒不退还的，依照本规定第八十一条第二款的规定处理。**
第二十九条　审判人员对鉴定人出具的鉴定书，应当审查是否具有下列内容： **（一）委托人姓名或者名称、委托鉴定的内容；** **（二）委托鉴定的材料；** **（三）鉴定的依据及使用的科学技术手段；** （四）对鉴定过程的说明； **（五）明确的鉴定结论；** **（六）对鉴定人鉴定资格的说明；** **（七）鉴定人员及鉴定机构签名盖章。**	**第三十六条　人民法院**对鉴定人出具的鉴定书，应当审查是否具有下列内容： **（一）委托法院的名称；** **（二）委托鉴定的内容、要求；** **（三）鉴定材料；** **（四）鉴定所依据的原理、方法；** （五）对鉴定过程的说明； **（六）鉴定意见；** **（七）承诺书。** **鉴定书应当由鉴定人签名或者盖章，并附鉴定人的相应资格证明。委托机构鉴定的，鉴定书应当由鉴定机构盖章，并由从事鉴定的人员签名。**

续表

修订前	修订后
	第三十七条　人民法院收到鉴定书后，应当及时将副本送交当事人。 当事人对鉴定书的内容有异议的，应当在人民法院指定期间内以书面方式提出。 对于当事人的异议，人民法院应当要求鉴定人作出解释、说明或者补充。人民法院认为有必要的，可以要求鉴定人对当事人未提出异议的内容进行解释、说明或者补充。
	第三十八条　当事人在收到鉴定人的书面答复后仍有异议的，人民法院应当根据《诉讼费用交纳办法》第十一条的规定，通知有异议的当事人预交鉴定人出庭费用，并通知鉴定人出庭。有异议的当事人不预交鉴定人出庭费用的，视为放弃异议。 双方当事人对鉴定意见均有异议的，分摊预交鉴定人出庭费用。
	第三十九条　鉴定人出庭费用按照证人出庭作证费用的标准计算，由败诉的当事人负担。因鉴定意见不明确或者有瑕疵需要鉴定人出庭的，出庭费用由其自行负担。

续表

修　订　前	修　订　后
	人民法院委托鉴定时已经确定鉴定人出庭费用包含在鉴定费用中的，不再通知当事人预交。
第二十七条　当事人对人民法院委托的鉴定部门作出的鉴定结论有异议申请重新鉴定，提出证据证明存在下列情形之一的，人民法院应予准许： （一）鉴定机构或者鉴定人员不具备相关的鉴定资格的； （二）鉴定程序严重违法的； （三）鉴定结论明显依据不足的； （四）经过质证认定不能作为证据使用的其他情形。 对有缺陷的鉴定结论，可以通过补充鉴定、重新质证或者补充质证等方法解决的，不予重新鉴定。	第四十条　当事人申请重新鉴定，存在下列情形之一的，人民法院应当准许： （一）鉴定人不具备相应资格的； （二）鉴定程序严重违法的； （三）鉴定意见明显依据不足的； （四）鉴定意见不能作为证据使用的其他情形。 存在前款第一项至第三项情形的，鉴定人已经收取的鉴定费用应当退还。拒不退还的，依照本规定第八十一条第二款的规定处理。 对鉴定意见的瑕疵，可以通过补正、补充鉴定或者补充质证、重新质证等方法解决的，人民法院不予准许重新鉴定的申请。 重新鉴定的，原鉴定意见不得作为认定案件事实的根据。
第二十八条　一方当事人自行委托有关部门作出的鉴定结论，另一方当事人有证据足以反驳并申请重新鉴定的，人民法院应予准许。	第四十一条　对于一方当事人就专门性问题自行委托有关机构或者人员出具的意见，另一方当事人有证据或者理由足以反驳并申请鉴定的，人民法院应予准许。

续表

修 订 前	修 订 后
	第四十二条　鉴定意见被采信后,鉴定人无正当理由撤销鉴定意见的,人民法院应当责令其退还鉴定费用,并可以根据情节,依照民事诉讼法第一百一十一条的规定对鉴定人进行处罚。当事人主张鉴定人负担由此增加的合理费用的,人民法院应予支持。 **人民法院采信鉴定意见后准许鉴定人撤销的,应当责令其退还鉴定费用。**
第三十条　人民法院勘验物证或者现场,应当制作笔录,记录勘验的时间、地点、勘验人、在场人、勘验的经过、结果,由勘验人、在场人签名或者盖章。对于绘制的现场图应当注明绘制的时间、方位、测绘人姓名、身份等内容。	**第四十三条　人民法院应当在勘验前将勘验的时间和地点通知当事人。当事人不参加的,不影响勘验进行。** **当事人可以就勘验事项向人民法院进行解释和说明,可以请求人民法院注意勘验中的重要事项。** 人民法院勘验物证或者现场,应当制作笔录,记录勘验的时间、地点、勘验人、在场人、勘验的经过、结果,由勘验人、在场人签名或者盖章。对于绘制的现场图应当注明绘制的时间、方位、测绘人姓名、身份等内容。
第三十一条　摘录有关单位制作的与案件事实相关的文件、材料,应当注明出处,并加盖制作单位或者保管单位的印章,摘录人和	**第四十四条**　摘录有关单位制作的与案件事实相关的文件、材料,应当注明出处,并加盖制作单位或者保管单位的印章,摘录人和

续表

修 订 前	修 订 后
其他调查人员应当在摘录件上签名或者盖章。 摘录文件、材料应当保持内容相应的完整性,**不得断章取义**。	其他调查人员应当在摘录件上签名或者盖章。 摘录文件、材料应当保持内容相应的完整性。
	第四十五条　当事人根据《最高人民法院关于适用〈中华人民共和国民事诉讼法〉的解释》第一百一十二条的规定申请人民法院责令对方当事人提交书证的,申请书应当载明所申请提交的书证名称或者内容、需要以该书证证明的事实及事实的重要性、对方当事人控制该书证的根据以及应当提交该书证的理由。 **对方当事人否认控制书证的,人民法院应当根据法律规定、习惯等因素,结合案件的事实、证据,对于书证是否在对方当事人控制之下的事实作出综合判断。**
	第四十六条　人民法院对当事人提交书证的申请进行审查时,应当听取对方当事人的意见,必要时可以要求双方当事人提供证据、进行辩论。 **当事人申请提交的书证不明确、书证对于待证事实的证明无必要、待证事实对于裁判结果无实质性影响、书证未在对方当事人控制之下或者不符合本规定第四十七条**

续表

修　订　前	修　订　后
	情形的,人民法院不予准许。 当事人申请理由成立的,人民法院应当作出裁定,责令对方当事人提交书证;理由不成立的,通知申请人。
	第四十七条　下列情形,控制书证的当事人应当提交书证: (一)控制书证的当事人在诉讼中曾经引用过的书证; (二)为对方当事人的利益制作的书证; (三)对方当事人依照法律规定有权查阅、获取的书证; (四)账簿、记账原始凭证; (五)人民法院认为应当提交书证的其他情形。 前款所列书证,涉及国家秘密、商业秘密、当事人或第三人的隐私,或者存在法律规定应当保密的情形的,提交后不得公开质证。
	第四十八条　控制书证的当事人无正当理由拒不提交书证的,人民法院可以认定对方当事人所主张的书证内容为真实。 控制书证的当事人存在《最高人民法院关于适用〈中华人民共和国民事诉讼法〉的解释》第一百一十三条规定情形的,人民法院可以认定对方当事人主张以该书证证明的事实为真实。

续表

修订前	修订后
三、举证时限与证据交换	三、举证时限与证据交换
第三十二条 被告应当在答辩期届满前提出书面答辩，阐明其对原告诉讼请求及所依据的事实和理由的意见。	**第四十九条** 被告应当在答辩期届满前提出书面答辩，阐明其对原告诉讼请求及所依据的事实和理由的意见。
第三十三条第一款 人民法院应当在**送达案件受理通知书和应诉通知书的同时**向当事人送达举证通知书。举证通知书应当载明举证责任的分配原则与要求、可以向人民法院申请调查**取证**的情形、人民法院根据案件情况指定的举证期限以及逾期提供证据的法律后果。	**第五十条** 人民法院应当在**审理前的准备阶段**向当事人送达举证通知书。 举证通知书应当载明举证责任的分配原则和要求、可以向人民法院申请调查**收集证据**的情形、人民法院根据案件情况指定的举证期限以及逾期提供证据的法律后果**等内容**。
第三十三条第二款 举证期限可以由当事人协商一致，并经人民法院**认可**。 **第三十三条第三款** **由人民法院指定举证期限的，指定的期限不得少于三十日，自当事人收到案件受理通知书和应诉通知书的次日起计算。**	**第五十一条** 举证期限可以由当事人协商，并经人民法院**准许**。 **人民法院指定举证期限的，适用第一审普通程序审理的案件不得少于十五日，当事人提供新的证据的第二审案件不得少于十日。适用简易程序审理的案件不得超过十五日，小额诉讼案件的举证期限一般不得超过七日。** **举证期限届满后，当事人提供反驳证据或者对已经提供的证据的来源、形式等方面的瑕疵进行补正的，人民法院可以酌情再次确定举证期限，该期限不受前款规定的期间限制。**

续表

修订前	修订后
第三十四条　当事人应当在举证期限内向人民法院提交证据材料，当事人在举证期限内不提交的，视为放弃举证权利。 对于当事人逾期提交的证据材料，人民法院审理时不组织质证。但对方当事人同意质证的除外。 当事人增加、变更诉讼请求或者提起反诉的，应当在举证期限届满前提出。	
	第五十二条　当事人在举证期限内提供证据存在客观障碍，属于民事诉讼法第六十五条第二款规定的“当事人在该期限内提供证据确有困难”的情形。 前款情形，人民法院应当根据当事人的举证能力、不能在举证期限内提供证据的原因等因素综合判断。必要时，可以听取对方当事人的意见。
第三十五条　诉讼过程中，当事人主张的法律关系的性质或者民事行为的效力与人民法院根据案件事实作出的认定不一致的，不受本规定第三十四条规定的限制，人民法院应当告知当事人可以变更诉讼请求。	第五十三条　诉讼过程中，当事人主张的法律关系性质或者民事行为效力与人民法院根据案件事实作出的认定不一致的，人民法院应当将法律关系性质或者民事行为效力作为焦点问题进行审理。但法律关系性质对裁判理由及结果

续表

修订前	修订后
当事人变更诉讼请求的，人民法院应当重新指定举证期限。	没有影响，或者有关问题已经当事人充分辩论的除外。 存在前款情形，当事人根据法庭审理情况变更诉讼请求的，人民法院应当准许并可以根据案件的具体情况重新指定举证期限。
第三十六条　当事人在举证期限内提交证据材料确有困难的，应当在举证期限内向人民法院申请延期举证，经人民法院准许，可以适当延长举证期限。当事人在延长的举证期限内提交证据材料仍有困难的，可以再次提出延期申请，是否准许由人民法院决定。	第五十四条　当事人申请延长举证期限的，应当在举证期限届满前向人民法院提出书面申请。 申请理由成立的，人民法院应当准许，适当延长举证期限，并通知其他当事人。延长的举证期限适用于其他当事人。 申请理由不成立的，人民法院不予准许，并通知申请人。
	第五十五条　存在下列情形的，举证期限按照如下方式确定： （一）当事人依照民事诉讼法第一百二十七条规定提出管辖权异议的，举证期限中止，自驳回管辖权异议的裁定生效之日起恢复计算； （二）追加当事人、有独立请求权的第三人参加诉讼或者无独立请求权的第三人经人民法院通知参加诉讼的，人民法院应当依照本规定第五十一条的规定为新参加诉讼的当事人确定举证期限，该举证期限适用于其他当事人；

续表

修 订 前	修 订 后
	（三）发回重审的案件，第一审人民法院可以结合案件具体情况和发回重审的原因，酌情确定举证期限； （四）当事人增加、变更诉讼请求或者提出反诉的，人民法院应当根据案件具体情况重新确定举证期限； （五）公告送达的，举证期限自公告期届满之次日起计算。
第三十七条　经当事人申请，人民法院可以组织当事人在开庭审理前交换证据。 人民法院对于证据较多或者复杂疑难的案件，应当组织当事人在答辩期届满后、开庭审理前交换证据。	
第三十八条　交换证据的时间可以由当事人协商一致并经人民法院认可，也可以由人民法院指定。 人民法院组织当事人交换证据的，交换证据之日举证期限届满。当事人申请延期举证经人民法院准许的，证据交换日相应顺延。	第五十六条　人民法院依照民事诉讼法第一百三十三条第四项的规定，通过组织证据交换进行审理前准备的，证据交换之日举证期限届满。 证据交换的时间可以由当事人协商一致并经人民法院认可，也可以由人民法院指定。当事人申请延期举证经人民法院准许的，证据交换日相应顺延。

续表

修　订　前	修　订　后
第三十九条　证据交换应当在审判人员的主持下进行。 在证据交换的过程中，审判人员对当事人无异议的事实、证据应当记录在卷；对有异议的证据，按照需要证明的事实分类记录在卷，并记载异议的理由。通过证据交换，确定双方当事人争议的主要问题。	**第五十七条**　证据交换应当在审判人员的主持下进行。 在证据交换的过程中，审判人员对当事人无异议的事实、证据应当记录在卷；对有异议的证据，按照需要证明的事实分类记录在卷，并记载异议的理由。通过证据交换，确定双方当事人争议的主要问题。
第四十条　当事人收到对方交换的证据后提出反驳并提出新证据的，人民法院应当通知当事人在指定的时间进行交换。 证据交换一般不超过两次。但重大、疑难和案情特别复杂的案件，人民法院认为确有必要再次进行证据交换的除外。	**第五十八条**　当事人收到对方的证据后有反驳证据需要提交的，人民法院应当再次组织证据交换。
第四十一条　《民事诉讼法》第一百二十五条第一款规定的“新的证据”，是指以下情形： （一）一审程序中的新的证据包括：当事人在一审举证期限届满后新发现的证据；当事人确因客观原因无法在举证期限内提供，经人民法院准许，在延长的期限内仍无法提供的证据； （二）二审程序中的新的证据包括：一审庭审结束后新发现的证据；当事人在一审举证期限届满前	

续表

修 订 前	修 订 后
申请人民法院调查取证未获准许，二审法院经审查认为应当准许并依当事人申请调取的证据。 第四十二条　当事人在一审程序中提供新的证据的，应当在一审开庭前或者开庭审理时提出。 当事人在二审程序中提供新的证据的，应当在二审开庭前或者开庭审理时提出；二审不需要开庭审理的，应当在人民法院指定的期限内提出。 第四十三条　当事人举证期限届满后提供的证据不是新的证据的，人民法院不予采纳。 当事人经人民法院准许延期举证，但因客观原因未能在准许的期限内提供，且不审理该证据可能导致裁判明显不公的，其提供的证据可视为新的证据。 第四十四条　《民事诉讼法》第一百七十九条第一款第（一）项规定的“新的证据”，是指原审庭审结束后新发现的证据。 当事人在再审程序中提供新的证据的，应当在申请再审时提出。 第四十五条　一方当事人提出新的证据的，人民法院应当通知对方当事人在合理期限内提出意见或者举证。	

续表

修　订　前	修　订　后
第四十六条　由于当事人的原因未能在指定期限内举证，致使案件在二审或者再审期间因提出新的证据被人民法院发回重审或者改判的，原审裁判不属于错误裁判案件。一方当事人请求提出新的证据的另一方当事人负担由此增加的差旅、误工、证人出庭作证、诉讼等合理费用以及由此扩大的直接损失，人民法院应予支持。	
	第五十九条　人民法院对逾期提供证据的当事人处以罚款的，可以结合当事人逾期提供证据的主观过错程度、导致诉讼迟延的情况、诉讼标的金额等因素，确定罚款数额。
四、质　　证	四、质　　证
第四十七条　证据应当在法庭上出示，由当事人质证。未经质证的证据，不能作为认定案件事实的依据。 当事人在证据交换过程中认可并记录在卷的证据，经审判人员在庭审中说明后，可以作为认定案件事实的依据。	第六十条　当事人在审理前的准备阶段或者人民法院调查、询问过程中发表过质证意见的证据，视为质证过的证据。 当事人要求以书面方式发表质证意见，人民法院在听取对方当事人意见后认为有必要的，可以准许。人民法院应当及时将书面质证意见送交对方当事人。

续表

修订前	修订后
第四十八条　涉及国家秘密、商业秘密和个人隐私或者法律规定的其他应当保密的证据，不得在开庭时公开质证。	
第四十九条　对书证、物证、视听资料进行质证时，当事人**有权要求**出示证据的原件或者原物。但有下列情况之一的除外： （一）出示原件或者原物确有困难并经人民法院准许出示复制件或者复制品的； （二）原件或者原物已不存在，但有证据证明复制件、复制品与原件或原物一致的。	**第六十一条**　对书证、物证、视听资料进行质证时，当事人**应当**出示证据的原件或者原物。但有下列情形之一的除外： （一）出示原件或者原物确有困难并经人民法院准许出示复制件或者复制品的； （二）原件或者原物已不存在，但有证据证明复制件、复制品与原件或者原物一致的。
第五十条　质证时，当事人应当围绕证据的真实性、关联性、合法性，针对证据证明力有无以及证明力大小，进行质疑、说明与辩驳。	
第五十一条　质证按下列顺序进行： （一）原告出示证据，被告、第三人与原告进行质证； （二）被告出示证据，原告、第三人与被告进行质证； （三）第三人出示证据，原告、被告与第三人进行质证。 **人民法院依照当事人申请调查收集的证据，作为提出申请的一方当事人提供的证据。**	**第六十二条**　质证**一般**按下列顺序进行： （一）原告出示证据，被告、第三人与原告进行质证； （二）被告出示证据，原告、第三人与被告进行质证； （三）第三人出示证据，原告、被告与第三人进行质证。 **人民法院根据当事人申请调查收集的证据，审判人员对调查收集证据的情况进行说明后，由提出**

续表

修　订　前	修　订　后
人民法院依照职权调查收集的证据应当在庭审时出示，听取当事人意见，并可就调查收集该证据的情况予以说明。	申请的当事人与对方当事人、第三人进行质证。 人民法院依职权调查收集的证据，由审判人员对调查收集证据的情况进行说明后，听取当事人的意见。
第五十二条　案件有两个以上独立的诉讼请求的，当事人可以逐个出示证据进行质证。	
	第六十三条　当事人应当就案件事实作真实、完整的陈述。 当事人的陈述与此前陈述不一致的，人民法院应当责令其说明理由，并结合当事人的诉讼能力、证据和案件具体情况进行审查认定。 当事人故意作虚假陈述妨碍人民法院审理的，人民法院应当根据情节，依照民事诉讼法第一百一十一条的规定进行处罚。
	第六十四条　人民法院认为有必要的，可以要求当事人本人到场，就案件的有关事实接受询问。 人民法院要求当事人到场接受询问的，应当通知当事人询问的时间、地点、拒不到场的后果等内容。

续表

修订前	修订后
	第六十五条　人民法院应当在询问前责令当事人签署保证书并宣读保证书的内容。 保证书应当载明保证据实陈述，绝无隐瞒、歪曲、增减，如有虚假陈述应当接受处罚等内容。当事人应当在保证书上签名、捺印。 当事人有正当理由不能宣读保证书的，由书记员宣读并进行说明。
	第六十六条　当事人无正当理由拒不到场、拒不签署或宣读保证书或者拒不接受询问的，人民法院应当综合案件情况，判断待证事实的真伪。待证事实无其他证据证明的，人民法院应当作出不利于该当事人的认定。
第五十三条　不能正确表达意志的人，不能作为证人。 待证事实与其年龄、智力状况或者精神健康状况相适应的无民事行为能力人和限制民事行为能力人，可以作为证人。	第六十七条　不能正确表达意思的人，不能作为证人。 待证事实与其年龄、智力状况或者精神健康状况相适应的无民事行为能力人和限制民事行为能力人，可以作为证人。
第五十五条　证人应当出庭作证，接受当事人的质询。 证人在人民法院组织双方当事人交换证据时出席陈述证言的，可视为出庭作证。	第六十八条　人民法院应当要求证人出庭作证，接受审判人员和当事人的询问。证人在审理前的准备阶段或者人民法院调查、询问等双方当事人在场时陈述证言的，视为出庭作证。

续表

修订前	修订后
	双方当事人同意证人以其他方式作证并经人民法院准许的,证人可以不出庭作证。 无正当理由未出庭的证人以书面等方式提供的证言,不得作为认定案件事实的根据。
	第六十九条　当事人申请证人出庭作证的,应当在举证期限届满前向人民法院提交申请书。 申请书应当载明证人的姓名、职业、住所、联系方式,作证的主要内容,作证内容与待证事实的关联性,以及证人出庭作证的必要性。 符合《最高人民法院关于适用〈中华人民共和国民事诉讼法〉的解释》第九十六条第一款规定情形的,人民法院应当依职权通知证人出庭作证。
第五十四条　当事人申请证人出庭作证,应当在举证期限届满十日前提出,并经人民法院许可。 人民法院对当事人的申请予以准许的,应当在开庭审理前通知证人出庭作证,并告知其应当如实作证及作伪证的法律后果。 证人因出庭作证而支出的合理费用,由提供证人的一方当事人先行支付,由败诉一方当事人承担。	第七十条　人民法院准许证人出庭作证申请的,应当向证人送达通知书并告知双方当事人。通知书中应当载明证人作证的时间、地点,作证的事项、要求以及作伪证的法律后果等内容。 当事人申请证人出庭作证的事项与待证事实无关,或者没有通知证人出庭作证必要的,人民法院不予准许当事人的申请。

续表

修订前	修订后
	第七十一条　人民法院应当要求证人在作证之前签署保证书，并在法庭上宣读保证书的内容。但无民事行为能力人和限制民事行为能力人作为证人的除外。 证人确有正当理由不能宣读保证书的，由书记员代为宣读并进行说明。 证人拒绝签署或者宣读保证书的，不得作证，并自行承担相关费用。 证人保证书的内容适用当事人保证书的规定。
第五十六条　《民事诉讼法》第七十条规定的“证人确有困难不能出庭”，是指有下列情形： （一）年迈体弱或者行动不便无法出庭的； （二）特殊岗位确实无法离开的； （三）路途特别遥远，交通不便难以出庭的； （四）因自然灾害等不可抗力的原因无法出庭的； （五）其他无法出庭的特殊情况。 前款情形，经人民法院许可，证人可以提交书面证言或者视听资料或者通过双向视听传输技术手段作证。	

续表

修 订 前	修 订 后
第五十七条　出庭作证的证人应当客观陈述其亲身感知的事实。证人为聋哑人的，可以其他表达方式作证。 证人作证时，不得使用猜测、推断或者评论性的语言。	第七十二条　证人应当客观陈述其亲身感知的事实，作证时不得使用猜测、推断或者评论性语言。 证人作证前不得旁听法庭审理，作证时不得以宣读事先准备的书面材料的方式陈述证言。 证人言辞表达有障碍的，可以通过其他表达方式作证。
	第七十三条　证人应当就其作证的事项进行连续陈述。 当事人及其法定代理人、诉讼代理人或者旁听人员干扰证人陈述的，人民法院应当及时制止，必要时可以依照民事诉讼法第一百一十条的规定进行处罚。
第五十八条　审判人员和当事人可以对证人进行询问。证人不得旁听法庭审理；询问证人时，其他证人不得在场。人民法院认为有必要的，可以让证人进行对质。	第七十四条　审判人员可以对证人进行询问。当事人及其诉讼代理人经审判人员许可后可以询问证人。 询问证人时其他证人不得在场。 人民法院认为有必要的，可以要求证人之间进行对质。
	第七十五条　证人出庭作证后，可以向人民法院申请支付证人出庭作证费用。证人有困难需要预先支取出庭作证费用的，人民法院可以根据证人的申请在出庭作证前支付。

续表

修订前	修订后
	第七十六条　证人确有困难不能出庭作证，申请以书面证言、视听传输技术或者视听资料等方式作证的，应当向人民法院提交申请书。申请书中应当载明不能出庭的具体原因。 符合民事诉讼法第七十三条规定情形的，人民法院应当准许。
	第七十七条　证人经人民法院准许，以书面证言方式作证的，应当签署保证书；以视听传输技术或者视听资料方式作证的，应当签署保证书并宣读保证书的内容。
	第七十八条　当事人及其诉讼代理人对证人的询问与待证事实无关，或者存在威胁、侮辱证人或不适当引导等情形的，审判人员应当及时制止。必要时可以依照民事诉讼法第一百一十条、第一百一十一条的规定进行处罚。 证人故意作虚假陈述，诉讼参与人或者其他人以暴力、威胁、贿买等方法妨碍证人作证，或者在证人作证后以侮辱、诽谤、诬陷、恐吓、殴打等方式对证人打击报复的，人民法院应当根据情节，依照民事诉讼法第一百一十一条的规定，对行为人进行处罚。

续表

修　订　前	修　订　后
	第七十九条　鉴定人依照民事诉讼法第七十八条的规定出庭作证的，人民法院应当在开庭审理三日前将出庭的时间、地点及要求通知鉴定人。 委托机构鉴定的，应当由从事鉴定的人员代表机构出庭。
第五十九条　鉴定人应当出庭接受当事人质询。 鉴定人确因特殊原因无法出庭的，经人民法院准许，可以书面答复当事人的质询。	第八十条　鉴定人应当就鉴定事项如实答复当事人的异议和审判人员的询问。当庭答复确有困难的，经人民法院准许，可以在庭审结束后书面答复。 人民法院应当及时将书面答复送交当事人，并听取当事人的意见。必要时，可以再次组织质证。
	第八十一条　鉴定人拒不出庭作证的，鉴定意见不得作为认定案件事实的根据。人民法院应当建议有关主管部门或者组织对拒不出庭作证的鉴定人予以处罚。 当事人要求退还鉴定费用的，人民法院应当在三日内作出裁定，责令鉴定人退还；拒不退还的，由人民法院依法执行。 当事人因鉴定人拒不出庭作证申请重新鉴定的，人民法院应当准许。

续表

修订前	修订后
第六十条　经法庭许可，当事人可以向证人、鉴定人、勘验人发问。 询问证人、鉴定人、勘验人不得使用威胁、侮辱及不适当引导证人的言语和方式。	第八十二条　经法庭许可，当事人可以询问鉴定人、勘验人。 询问鉴定人、勘验人不得使用威胁、侮辱等不适当的言语和方式。
第六十一条　当事人可以向人民法院申请由一至二名具有专门知识的人员出庭就案件的专门性问题进行说明。人民法院准许其申请的，有关费用由提出申请的当事人负担。 审判人员和当事人可以对出庭的具有专门知识的人员进行询问。 经人民法院准许，可以由当事人各自申请的具有专门知识的人员就有案件中的问题进行对质。 具有专门知识的人员可以对鉴定人进行询问。	
	第八十三条　当事人依照民事诉讼法第七十九条和《最高人民法院关于适用〈中华人民共和国民事诉讼法〉的解释》第一百二十二条的规定，申请有专门知识的人出庭的，申请书中应当载明有专门知识的人的基本情况和申请的目的。 人民法院准许当事人申请的，应当通知双方当事人。

续表

修订前	修订后
	第八十四条　审判人员可以对有专门知识的人进行询问。经法庭准许，当事人可以对有专门知识的人进行询问，当事人各自申请的有专门知识的人可以就案件中的有关问题进行对质。 **有专门知识的人不得参与对鉴定意见质证或者就专业问题发表意见之外的法庭审理活动。**
第六十二条　法庭应当将当事人的质证情况记入笔录，并由当事人核对后签名或者盖章。	
五、证据的审核认定	**五、证据的审核认定**
第六十三条　人民法院应当以证据能够证明的案件事实为**依据**依法作出裁判。 **第六十四条**　审判人员应当依照法定程序，全面、客观地审核证据，依据法律的规定，遵循法官职业道德，运用逻辑推理和日常生活经验，对证据有无证明力和证明力大小独立进行判断，并公开判断的理由和结果。	**第八十五条**　人民法院应当以证据能够证明的案件事实为**根据**依法作出裁判。 审判人员应当依照法定程序，全面、客观地审核证据，依据法律的规定，遵循法官职业道德，运用逻辑推理和日常生活经验，对证据有无证明力和证明力大小独立进行判断，并公开判断的理由和结果。
	第八十六条　当事人对于欺诈、胁迫、恶意串通事实的证明，以及对于口头遗嘱或赠与事实的证明，人民法院确信该待证事实存在的可能性能够排除合理怀疑的，应当认定该事实存在。

续表

修 订 前	修 订 后
	与诉讼保全、回避等程序事项有关的事实，人民法院结合当事人的说明及相关证据，认为有关事实存在的可能性较大的，可以认定该事实存在。
第六十五条　审判人员对单一证据可以从下列方面进行审核认定： （一）证据是否原件、原物，**复印件**、复制品与原件、原物是否相符； （二）证据与本案事实是否相关； （三）证据的形式、来源是否符合法律规定； （四）证据的内容是否真实； （五）证人或者提供证据的人，与当事人有无利害关系。	**第八十七条**　审判人员对单一证据可以从下列方面进行审核认定： （一）证据是否**为**原件、原物，**复制件**、复制品与原件、原物是否相符； （二）证据与本案事实是否相关； （三）证据的形式、来源是否符合法律规定； （四）证据的内容是否真实； （五）证人或者提供证据的人与当事人有无利害关系。
第六十六条　审判人员对案件的全部证据，应当从各证据与案件事实的关联程度、各证据之间的联系等方面进行综合审查判断。	**第八十八条**　审判人员对案件的全部证据，应当从各证据与案件事实的关联程度、各证据之间的联系等方面进行综合审查判断。
	第八十九条　当事人在诉讼过程中认可的证据，人民法院应当予以确认。但法律、司法解释另有规定的除外。

续表

修　订　前	修　订　后
	当事人对认可的证据反悔的，参照《最高人民法院关于适用〈中华人民共和国民事诉讼法〉的解释》第二百二十九条的规定处理。
第六十七条　在诉讼中，当事人为达成调解协议或者和解的目的作出妥协所涉及的对案件事实的认可，不得在其后的诉讼中作为对其不利的证据。	
第六十八条　以侵害他人合法权益或者违反法律禁止性规定的方法取得的证据，不能作为认定案件事实的依据。	
第六十九条　下列证据不能单独作为认定案件事实的依据： （一）未成年人所作的与其年龄和智力状况不相当的证言； （二）与一方当事人或者其代理人有利害关系的证人出具的证言； （三）存有疑点的视听资料； （四）无法与原件、原物核对的复印件、复制品； （五）无正当理由未出庭作证的证人证言。	第九十条　下列证据不能单独作为认定案件事实的根据： （一）当事人的陈述； （二）无民事行为能力人或者限制民事行为能力人所作的与其年龄、智力状况或者精神健康状况不相当的证言； （三）与一方当事人或者其代理人有利害关系的证人陈述的证言； （四）存有疑点的视听资料、电子数据； （五）无法与原件、原物核对的复制件、复制品。

续表

修　订　前	修　订　后
	第九十一条　公文书证的制作者根据文书原件制作的载有部分或者全部内容的副本，与正本具有相同的证明力。 在国家机关存档的文件，其复制件、副本、节录本经档案部门或者制作原本的机关证明其内容与原本一致的，该复制件、副本、节录本具有与原本相同的证明力。
	第九十二条　私文书证的真实性，由主张以私文书证证明案件事实的当事人承担举证责任。 私文书证由制作者或者其代理人签名、盖章或捺印的，推定为真实。 私文书证上有删除、涂改、增添或者其他形式瑕疵的，人民法院应当综合案件的具体情况判断其证明力。
	第九十三条　人民法院对于电子数据的真实性，应当结合下列因素综合判断： （一）电子数据的生成、存储、传输所依赖的计算机系统的硬件、软件环境是否完整、可靠； （二）电子数据的生成、存储、传输所依赖的计算机系统的硬件、软件环境是否处于正常运行状态，

续表

修订前	修订后
	或者不处于正常运行状态时对电子数据的生成、存储、传输是否有影响； （三）电子数据的生成、存储、传输所依赖的计算机系统的硬件、软件环境是否具备有效的防止出错的监测、核查手段； （四）电子数据是否被完整地保存、传输、提取，保存、传输、提取的方法是否可靠； （五）电子数据是否在正常的往来活动中形成和存储； （六）保存、传输、提取电子数据的主体是否适当； （七）影响电子数据完整性和可靠性的其他因素。 人民法院认为有必要的，可以通过鉴定或者勘验等方法，审查判断电子数据的真实性。
	第九十四条　电子数据存在下列情形的，人民法院可以确认其真实性，但有足以反驳的相反证据的除外： （一）由当事人提交或者保管的于己不利的电子数据； （二）由记录和保存电子数据的中立第三方平台提供或者确认的；

续表

修订前	修订后
	(三)在正常业务活动中形成的; (四)以档案管理方式保管的; (五)以当事人约定的方式保存、传输、提取的。 电子数据的内容经公证机关公证的,人民法院应当确认其真实性,但有相反证据足以推翻的除外。
第七十条　一方当事人提出的下列证据,对方当事人提出异议但没有足以反驳的相反证据的,人民法院应当确认其证明力: (一)书证原件或者与书证原件核对无误的复印件、照片、副本、节录本; (二)物证原物或者与物证原物核对无误的复制件、照片、录像资料等; (三)有其他证据佐证并以合法手段取得的、无疑点的视听资料或者与视听资料核对无误的复制件; (四)一方当事人申请人民法院依照法定程序制作的对物证或者现场的勘验笔录。 第七十一条　人民法院委托鉴定部门作出的鉴定结论,当事人没有足以反驳的相反证据和理由的,可以认定其证明力。	

续表

修订前	修订后
第七十二条　一方当事人提出的证据，另一方当事人认可或者提出的相反证据不足以反驳的，人民法院可以确认其证明力。 一方当事人提出的证据，另一方当事人有异议并提出反驳证据，对方当事人对反驳证据认可的，可以确认反驳证据的证明力。 第七十三条　双方当事人对同一事实分别举出相反的证据，但都没有足够的依据否定对方证据的，人民法院应当结合案件情况，判断一方提供证据的证明力是否明显大于另一方提供证据的证明力，并对证明力较大的证据予以确认。 因证据的证明力无法判断导致争议事实难以认定的，人民法院应当依据举证责任分配的规则作出裁判。	
第七十五条　有证据证明一方当事人持有证据无正当理由拒不提供，如果对方当事人主张该证据的内容不利于证据持有人，可以推定该主张成立。	第九十五条　一方当事人控制证据无正当理由拒不提交，对待证事实负有举证责任的当事人主张该证据的内容不利于控制人的，人民法院可以认定该主张成立。
第七十六条　当事人对自己的主张，只有本人陈述而不能提出其他相关证据的，其主张不予支持。但对方当事人认可的除外。	

续表

修　订　前	修　订　后
第七十七条　人民法院就数个证据对同一事实的证明力,可以依照下列原则认定: **(一)国家机关、社会团体依职权制作的公文书证的证明力一般大于其他书证;** **(二)物证、档案、鉴定结论、勘验笔录或者经过公证、登记的书证,其证明力一般大于其他书证、视听资料和证人证言;** **(三)原始证据的证明力一般大于传来证据;** **(四)直接证据的证明力一般大于间接证据;** **(五)证人提供的对与其有亲属或者其他密切关系的当事人有利的证言,其证明力一般小于其他证人证言。**	
第七十八条　人民法院认定证人证言,可以通过对证人的智力状况、品德、知识、经验、法律意识和专业技能等的综合分析作出判断。	**第九十六条**　人民法院认定证人证言,可以通过对证人的智力状况、品德、知识、经验、法律意识和专业技能等的综合分析作出判断。
第七十九条　人民法院应当在裁判文书中阐明证据是否采纳的理由。 对当事人无争议的证据,是否采纳的理由可以不在裁判文书中表述。	**第九十七条**　人民法院应当在裁判文书中阐明证据是否采纳的理由。 对当事人无争议的证据,是否采纳的理由可以不在裁判文书中表述。

续表

修　订　前	修　订　后
六、其　他	六、其　他
第八十条　对证人、鉴定人、勘验人的合法权益依法予以保护。 当事人或者其他诉讼参与人伪造、毁灭证据，**提供假证据**，阻止证人作证，指使、贿买、胁迫他人作伪证，或者对证人、鉴定人、勘验人打击报复的，**依照《民事诉讼法》第一百零二条的规定处理。**	**第九十八条**　对证人、鉴定人、勘验人的合法权益依法予以保护。 当事人或者其他诉讼参与人伪造、毁灭证据，**提供虚假证据**，阻止证人作证，指使、贿买、胁迫他人作伪证，或者对证人、鉴定人、勘验人打击报复的，**依照民事诉讼法第一百一十条、第一百一十一条的规定进行处罚。**
	第九十九条　本规定对证据保全没有规定的，参照适用法律、司法解释关于财产保全的规定。 **除法律、司法解释另有规定外，对当事人、鉴定人、有专门知识的人的询问参照适用本规定中关于询问证人的规定；关于书证的规定适用于视听资料、电子数据；存储在电子计算机等电子介质中的视听资料，适用电子数据的规定。**
第八十一条　人民法院适用简易程序审理案件，不受本解释中第三十二条、第三十三条第三款和第七十九条规定的限制。 **第八十二条　本院过去的司法解释，与本规定不一致的，以本规定为准。**	

续表

修 订 前	修 订 后
第八十三条　本规定自2002年4月1日起施行。2002年4月1日尚未审结的一审、二审和再审民事案件不适用本规定。 本规定施行前已经审理终结的民事案件，当事人以违反本规定为由申请再审的，人民法院不予支持。 本规定施行后受理的再审民事案件，人民法院依据《民事诉讼法》第一百八十六条的规定进行审理的，适用本规定。	第一百条　本规定自2020年5月1日起施行。 本规定公布施行后，最高人民法院以前发布的司法解释与本规定不一致的，不再适用。

规范民事诉讼秩序
促进公正高效司法

——最高人民法院民一庭负责人就《关于修改〈关于民事诉讼证据的若干规定〉的决定》答记者问*

12月26日,最高人民法院举行新闻发布会,发布《最高人民法院关于修改〈关于民事诉讼证据的若干规定〉的决定》(以下简称《修改决定》)。最高人民法院民一庭负责人就有关问题回答了记者提问。

问:针对当事人、证人故意作虚假陈述的现象,《修改决定》有哪些针对性的措施?

答:从长期的民事审判实践来看,民事纠纷、民事案件很多是当事人一方或者双方不诚信的行为引发的。在诉讼中,一方当事人或者双方当事人,为了使自己的利益最大化,往往会提交对自己有利的证据,陈述对自己有利

* 本文摘自《人民法院报》2019年12月27日第3版。

的事实,不提供对对方有利的事实、对对方有利的证据。2012 年民诉法修改,规定了诚实信用原则,要求当事人在民事诉讼中遵守这个原则。但从审判实践来看,不诚信的行为、不如实陈述、不提供证据的情况是客观存在的,严重干扰了民事诉讼秩序,影响人民法院查明案件事实的客观性、准确性,影响当事人民事权利的保护。随着我国社会诚信体制的完善,这种情况有所缓解,但依然存在,是民事审判实践中亟待解决的问题。《修改决定》从两个方面考虑,规制当事人的诉讼行为:第一是加强事前约束,在人民法院就案件事实询问当事人之前,责令当事人签署保证书并口头宣读保证书的内容,保证据实陈述,绝无隐瞒、歪曲、增减,如有虚假陈述应当接受处罚等,增强对当事人陈述之前的心理约束;第二是加强事后处罚,明确规定当事人对于案件事实负有进行真实陈述、完整陈述的义务,违反这项义务故意作虚假陈述、妨碍人民法院审理的,人民法院应当根据民事诉讼法关于"妨碍民事诉讼的强制措施"的规定,对其进行处罚。对证人,我们也规定了类似的措施。通过这些规定,可以更好地规范民事诉讼秩序,促进当事人诚信诉讼,保证人民法院正确的查明事实、分清是非,正确的作出裁判。

问:现在人们网上生活越来越丰富,产生的纠纷日益增多,发生纠纷时,电子数据作为证据的情况也越来越普遍。请问根据规定,电子数据作为证据认定要符合哪些条件?

答:随着信息化的发展,电子数据越来越多地出现在审判实践中。电子邮件、手机短信、博客、微博、网页、电子交易记录、数字证书、计算机程序等,都属于电子数据的范围,这个范围在《修改决定》中都有规定。认定电子数据的难点在于其真实性不易判断。因此,《修改决定》对于这种新的证据形式的审查判断,主要从如何判断真实性的角度作出了原则性规定。概括地讲,判断电子数据真实性,主要考虑:一是电子数据生成、存储和传输的计算机系统的硬件、软件环境的完整性、可靠性、运行状态以及监测手段。二是电子数据的保存、传输、提取的主体和方法是否可靠。如果电子数据是在正常的商业活动中形成和存储,而相应的计算机系统的硬件、软件环境完整、可靠,处在正常运行状态,电子数据也是由中立第三方平台记录、保存、提供的,一般来说,其真实性的可能较大。反之,则其真实性的可能程度较低。如果电子数据的内容经过公证机关公证,人民法院原则上会确认其真实性。

在审查过程中,人民法院可以通过委托鉴定等方法,由专业机构、专业人员出具专业意见,为法官审查判断提供辅助。在审判实践当中,也有专家辅助人制度。什么样的证据能够被法院采信,归根结底,应当结合案件的具体事实和证据的情况进行综合判断。

问:有些司法鉴定的鉴定周期长、质量差,甚至出现虚假鉴定、鉴定后随意撤销意见的情况。《修改决定》如何解决这类问题?

答:这个问题在实践中是客观存在的。有一些鉴定意见作出之后,法官依据鉴定意见作出了裁判,但是鉴定机构出于各方面的原因,撤销了自己的鉴定意见,导致法院作出裁判的重要证据缺失,案件可能就要进行再审,一定程度上影响了法院的审判工作,也影响了对当事人权利的保护。民事案件涉及到法律之外的技术性、专业性问题时,经常需要结合鉴定意见对事实作出判断。比如人身损害赔偿,经常需要进行鉴定,因为伤残程度的鉴定意见是作为裁判的重要依据,如果不能准确地确定受损害的程度,法院就难以作出公正的裁判。但是,从长期的民事审判实践来看,鉴定也在一定程度上存在不规范的情况,影响鉴定意见的质量和案件事实查明的准确性,影响案件审理的效率和当事人权利的保障。《修改决定》从加强人民法院对鉴定的诉讼管理出发，主要在以下几个方面对原《民事证据规定》的内容进行完善和补充：一是加强对鉴定委托的管理，在委托鉴定时，人民法院应当明确鉴定事项、鉴定范围、鉴定目的和鉴定期限。这就要求审理案件的法官要对案件事实和争点有比较准确的把握，防止出现因鉴定事项不明确、范围不确定、目的不清晰而导致鉴定没有意义，或者鉴定意见无法采信的情况，也防止由于鉴定期限不明确导致的诉讼拖延。二是规定了鉴定人承诺和故意作虚假鉴定的制裁。实践中，很多鉴定机构是社会中介机构，确实存在作虚假鉴定的情况，我们通过对《民事证据规定》的修改，对鉴定机构在诉讼中的行为作出了要求。三是对鉴定人撤销鉴定意见的后果作出规定。鉴定人在鉴定意见被采信后，无正当理由撤销鉴定意见的，不仅应当退还鉴定费用，人民法院还应当依照民事诉讼法妨碍民事诉讼强制措施的规定进行处罚，支持当事人赔偿合理费用的请求。我们希望通过上述规定，进一步规范民事诉讼中的鉴定活动，充分发挥鉴定在民事诉讼中的应有作用。

问：民事诉讼中，有的当事人对其他当事人提交的合

同上的盖章或者签名提出造假质疑。碰到这种情况，根据《修改决定》，法院应如何处理？

答：这种情况在审判实践中比较常见。一般来说，民事合同属于私文书证。根据《修改决定》，由主张以私文书证来证明案件事实的当事人，负责证明私文书证的真实性。比如原告提交了证据，被告提出签名不真实、合同不真实，怎么办？法官原则上应当要求提交证据的一方，也就是主张权利、提出请求的一方，证明证据是真实的。举证责任在原告方，即提交证据的一方，由原告证明合同是真的、签名是真的。如果原告提供不了这方面的证据，可能会导致法官不支持请求，导致败诉的后果。如果签名的真伪需要由专业机构进行鉴定，则原告有申请鉴定的责任。